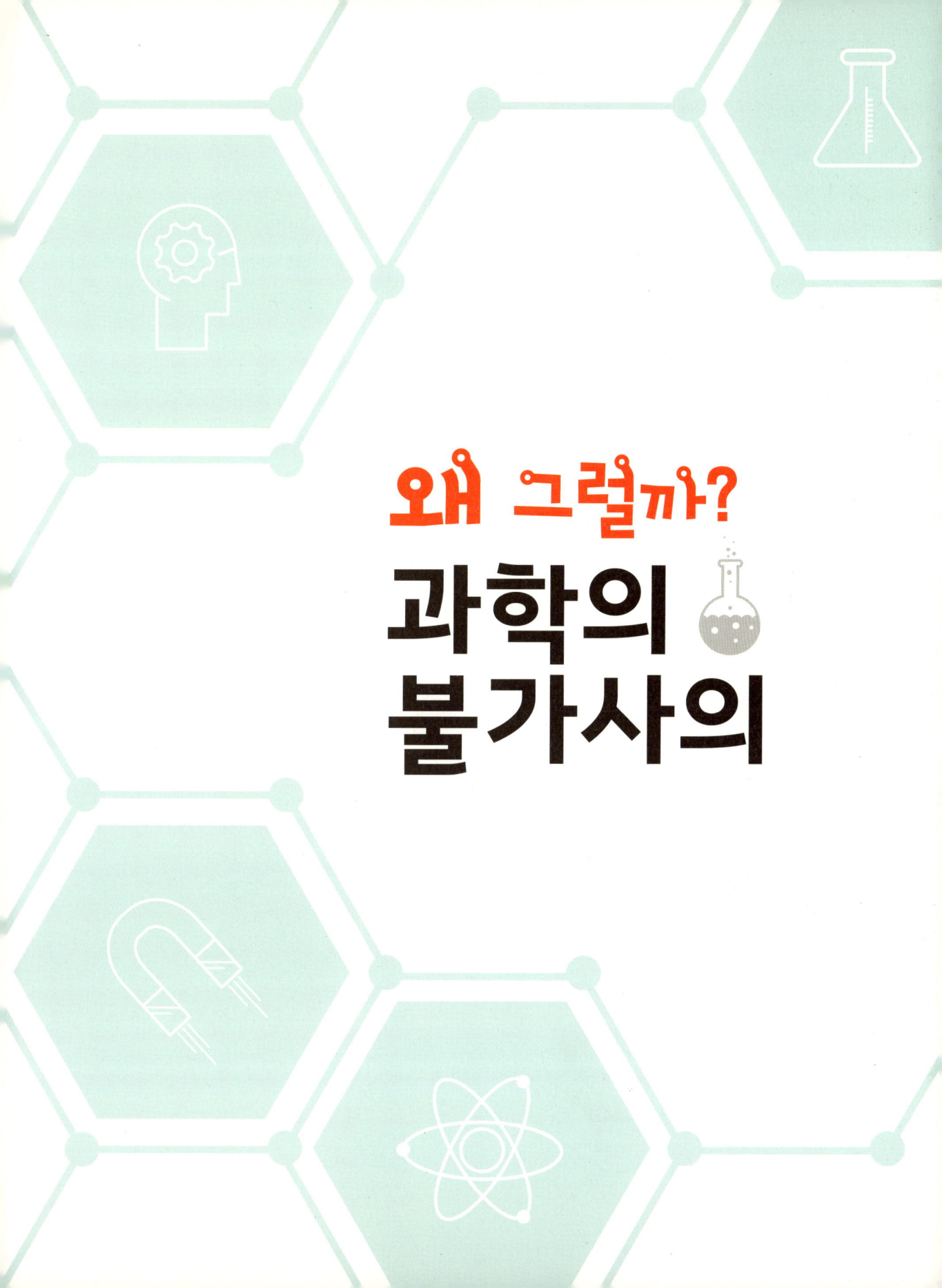

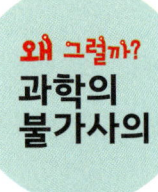

왜 그럴까?
과학의 불가사의

머리말

 이 책은 기초적 과학 지식에 대하여 쓴 과학 이야기책입니다. 우리가 일상생활에서 흔히 사용하면서도 그 원리를 미처 알지 못한 채 무심하게 지나쳤던 생활 도구들, 우리가 몰랐던 생물의 세계와 지구·우주의 신비 등에 대하여 알기 쉽게 설명하고 있습니다.

 우리는 매일 TV 리모컨으로 TV를 켰다 껐다하면서도 그것이 어떤 원리로 작동하는지를 따져 보지 않는 경우가 많습니다. 그러나 리모컨이 발사하는 적외선이 TV 안의 장치에 닿아 TV가 반응하게 한다는 간단한 이치를 알게 되면 마음이 후련해질 것입니다.

 사물에 대한 의문을 갖는 것은 과학에 대한 흥미유발의 출발점이 됩니다. 모쪼록 이 책을 통하여 '알게 되는 즐거움'을 많이 느끼기를 바라며, '더 알고 싶은 일'이 있으면 이번에는 스스로 그 답을 찾아보도록 합시다.

 이것은 장차 과학자가 되기를 꿈꾸는 사람에게도 그렇지 않은 사람들에게도 큰 도움이 될 것입니다.

동물과 식물의 세계

최초의 생물은 어떻게 태어났을까요?	10
소는 왜 되새김질을 할까요?	12
개에는 왜 여러 가지 종류가 있을까요?	14
캥거루는 왜 주머니를 가지고 있을까요?	16
오리너구리는 조류일까요, 포유류일까요?	18
낙타는 어떻게 사막에서 오래 견딜 수 있나요?	20
동물은 왜 겨울잠을 잘까요?	22
곤충은 어떻게 탈바꿈을 할까요?	24
거미는 어떻게 거미줄 위를 걸어 다닐까요?	26
닭은 왜 계속 알을 낳을까요?	28
지렁이는 어떻게 땅을 기름지게 할까요?	29
개미는 왜 일을 할까요?	31
생태계는 어떻게 평형을 유지할까요?	33
식물은 어떻게 자랄까요?	35
식충 식물은 어떻게 벌레를 잡아먹을까요?	38
대나무는 왜 다른 나무들보다 빨리 자랄까요?	40
감자와 고구마는 어떻게 다를까요?	42
열매가 익으면 왜 색이 변할까요?	44
숲은 왜 중요할까요?	46

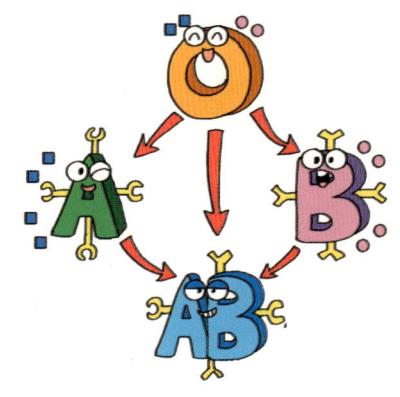

2장

우리 몸에 관한 지식

아침 식사를 거르면 어떻게 될까요?	50
우리가 먹은 음식물은 어떻게 될까요?	52
왜 오줌을 누는 것일까요?	54
왜 채소와 과일을 먹어야 할까요?	56
어떻게 하면 키가 클까요?	58
왜 부모를 닮을까요?	60
우리의 성별은 어떻게 결정될까요?	62
왜 계속해서 호흡을 할까요?	64
심장은 왜 뛰는 것일까요?	66
상처가 난 자리에 왜 딱지가 앉을까요?	68
충치는 왜 생길까요?	70
높은 산에 올라가면 왜 귀가 멍멍해질까요?	72
냄새는 어떻게 맡을까요?	74
왜 근시가 될까요?	76
우리 몸의 때는 어떻게 해서 생길까요?	78
비만은 왜 건강에 해로울까요?	80
왜 잠을 자야 할까요?	82
예방 접종이란 무엇인가요?	84
왜 감기에 걸릴까요?	86

3장

생활 주변에 관한 지식

어떻게 리모컨으로 텔레비전을 켤 수 있을까요?	90
휴대 전화는 어떻게 목소리를 전달할까요?	92
전자레인지는 어떻게 음식물을 데울 수 있을까요?	94
어떻게 바코드로 물건 값을 알 수 있을까요?	96
자동차의 내비게이션은 어떻게 길을 안내해 줄까요?	98
자기 부상 열차는 어떻게 달릴까요?	100
전깃줄에 앉은 참새는 왜 감전되지 않을까요?	102
어떻게 레몬으로 전지를 만들 수 있을까요?	104
전기는 어떻게 만들어질까요?	106
스마트폰 화면은 어떻게 손가락을 인식할까요?	108
물속의 빨대는 왜 꺾여 보일까요?	110
곰팡이는 왜 생길까요?	112
달리는 차 안에서 점프하면 왜 같은 곳에 착지하나요?	114
얼음은 왜 물에 뜰까요?	116
어떻게 병따개로 병뚜껑을 쉽게 딸 수 있을까요?	118

4장

지구 · 기상, 우주의 신비

태양은 언제까지 빛을 낼까요?	122
우주는 어떻게 생겨났을까요?	124
블랙홀이란 무엇일까요?	127
태양계에는 몇 개의 행성이 있을까요?	129
UFO의 정체는 무엇일까요?	131
지구가 도는 데 왜 아무것도 느끼지 못할까요?	133
밀물과 썰물 현상은 왜 일어날까요?	136
윤년은 왜 생길까요?	138
일식과 월식은 어떻게 생길까요?	140
오로라 현상은 어떻게 생길까요?	142
지구 온난화는 왜 나쁜 현상일까요?	144
왜 에베레스트 산 정상에 소라 화석이 있을까요?	146
화산이란 무엇일까요?	149
지진은 왜 일어날까요?	152
계절은 왜 변화할까요?	155
날씨를 어떻게 예측해서 기상 예보를 할까요?	157
구름은 어떻게 만들어질까요?	159
태풍은 어떻게 생길까요?	162
천둥과 번개는 어떻게 생길까요?	164
엘니뇨는 왜 일어날까요?	166

1장
동물과 식물의 세계

최초의 생물은 어떻게 태어났을까요?

우리는 모두 부모님이 계셔서 태어났습니다. 부모님 또한 부모님이 계셔서 태어났으니 따지자면 한이 없습니다.

그러나 최초의 생물이 있었기 때문에 지금의 우리도 존재한다고 할 수 있습니다. 그렇다면 최초의 생물은 어떻게 태어났을까요?

생물의 기원에 대해서는 창조주의 행위라는 것, 외계에서 왔다는 것, 지구 상의 화학 진화의 결과라는 것 등 다양한 주장이 있습니다.

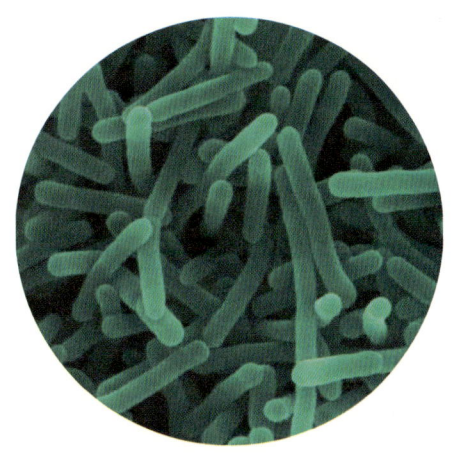
박테리아

이처럼 다양한 주장이 있고, 아직도 최초의 생물에 대해서는 정확하게 해명되지 않고 있지만, 많은 과학자들은 최초의 생물을 무기물에서 생긴 아주 작고 단순한 구조의 생물로 보고 있습니다.

그리고 그 생물은 바다에서 태어났을 것이라고 생각하고 있습니다.

즉, 약 40억 년 전에 원시 바다에 벼락, 화산 폭발에 의한 고열, 강한 자외선이 내리쬐는 환경이 계속되어 바닷물에 용해되어 있던 성분에서 생물의 근원이 될 아미노산이 생기지 않았을까? 그리고 이 아미노산에서 오랜 세월에 걸쳐 단백질이 만들어지고, 또다시 오랜 세월이 흐른 후에 박테리아와 같은 생명이 탄생한 것이 아닐까 하고 추측하고 있습니다.

이 박테리아가 오랜 세월에 걸쳐 진화해 가면서 다양한 생물로 나뉘어 지금의 동식물이 된 것입니다.

소는 왜 되새김질을 할까요?

소는 자주 입을 벌리지 않은 상태로 무엇인가를 되씹는 모습을 보입니다. 이것은 소가 먹은 것을 다시 입으로 되돌려 천천히 씹어 삼키는 것으로 되새김질을 하는 것입니다.

소뿐만 아니라 사슴이나 기린, 염소와 같이 초식 동물 중에는 되새김질을 하는 동물이 많습니다. 초식 동물들은 육식 동물에게 잡아먹힐 수 있으므로 항상 조심해야 합니다.

우리가 밥을 먹고 난 다음 바로 달리기를 하거나 운동을 하면 금세 옆구리가 아파옵니다. 만약 초식 동물이 그렇게 된다면 금방 육식 동물에게 잡히고 말 것입니다.

따라서, 야생에서 풀을 발견했을 때 한꺼번에 많이 뜯어 먹어 위에 저장한 다음, 안전한 곳에 가서 천천히 소화시키는 것이 살아남는 데 유리할 것입니다. 아마도 이 때문에 되새김질을 하는 것이 아닐까 하는 생각이 듭

소처럼 되새김질을 하는 동물을 반추 동물이라고 합니다.

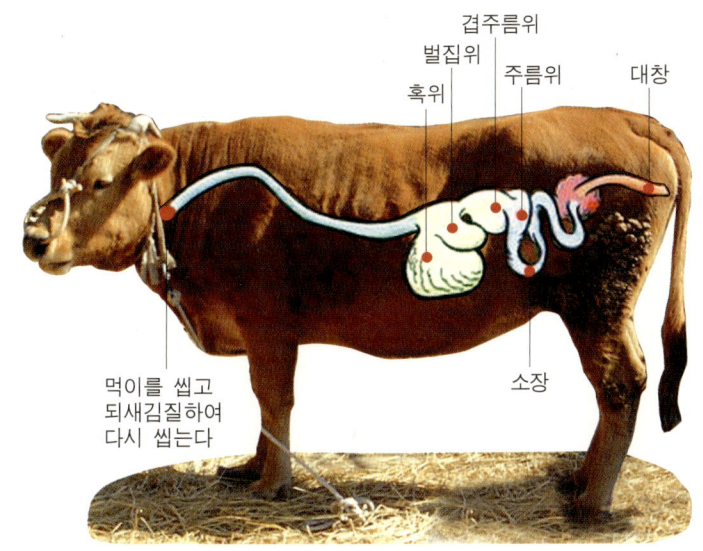
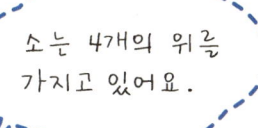

니다.

 소의 위는 혹위, 벌집위, 겹주름위, 주름위의 네 개가 있습니다. 혹위가 가장 크며 내벽은 가는 융털로 덮여 있습니다.

 소가 먹은 사료는 혹위에 머물러 있다가 다시 입으로 돌아와 오랫동안 씹어 삼키게 됩니다. 그래서 혹위를 되새김위라고 부르기도 합니다.

 혹위의 융털 속에는 세균이나 효모 등의 미생물이 많이 살고 있습니다. 이 미생물들이 분비하는 소화 효소 때문에 볏짚과 같은 거친 식물들도 분해할 수 있습니다.

 벌집위는 벌집 모양의 주름이 있고, 혹위와 비슷한 과정을 거칩니다. 겹주름위는 혹위와 벌집위의 내용물을 더욱 소화하기 쉽게 갈아 으깨서 주름위로 옮깁니다. 주름위는 위가 하나뿐인 다른 동물의 위와 같은 작용을 합니다.

 그리고 길이가 약 60m나 되는 기다란 장에서는 영양분을 흡수합니다. 인간의 장의 길이가 약 9m인 것을 생각하면 소의 장은 굉장히 긴 것이지요.

 개에는 왜 여러 가지 종류가 있을까요?

개는 우리 인간과 매우 가까운 동물입니다. 개는 인간이 가장 많이 기르는 애완동물이고, 인간이 길러 온 가장 오래된 동물이기도 합니다.

개에는 셰퍼드와 같이 덩치가 큰 종류부터 치와와처럼 크기가 작고 귀여운 종류까지 수많은 종류가 있습니다. 우리나라에서는 진돗개가 유명하지요. 전 세계적으로는 약 300종 이상의 개가 있다고 합니다.

개의 종류가 많아진 까닭은 무엇일까요? 그 이유는 인간 때문이라고 할 수 있습니다. 인간은 약 1만 4천 년 전부터 개와 함께 생활하였습니다.

오랜 세월에 걸쳐 개와 함께 살아온 인간은 여러 가지 용도에 맞게 새로운 종류의 개를 만들어 왔습니다. 즉 개에게 사냥도 하게 하고, 양들도 지키며, 썰매를 끌거나 여러 가지 일을 할 수 있게 새로운 종류를 만든 것입니다.

썰매를 끄는 시베리안 허스키

 ## 다양한 종류의 개

비글	보스턴테리어	케언테리어	치와와	코케스패니얼
닥스훈트	프렌치불도그	미니어쳐푸들	파피용	펨브룩웰시코기
포메라니안	퍼그	레셀테리어	슈나우저	요크셔테리어
아키타	알래스카맬러뮤트	버니즈마운턴도그	블러드하운드	불마스티프
카네코르소	잉글리시마스티프	저먼셰퍼드	자이언트슈나우저	골든리트리버
그레이트데인	뉴펀들랜드	스탠다드푸들	피레니언셰퍼드	로트와일러

제1장 동물과 식물의 세계

 캥거루는 왜 주머니를 가지고 있을까요?

캥거루 하면 무엇이 가장 먼저 떠오르나요? 짧은 앞다리? 길고 튼튼한 뒷다리? 기다란 꼬리? 물론 이런 것들도 떠오르겠지만 가장 먼저 떠오르는 것은 캥거루의 배에 있는 주머니일 것입니다.

이 주머니는 무엇에 쓰는 것일까요? 동물원이나 텔레비전에서 새끼 캥거루가 어미 캥거루의 배에서 얼굴을 내밀고 있는 모습을 본 일이 있나요? 이 주머니는 바로 새끼를 기르기 위한 주머니입니다.

캥거루 새끼는 갓 태어날 때 새끼손가락보다 작은 크기인 2cm 정도이고 몸무게도 1g 정도밖에 안 됩니다. 갓 태어난 새끼는 눈도 뜨지를 못하지만 어미에게 기어올라 주머니 안으로 들어갑니다. 주머니 안에는 4개의 젖꼭

캥거루

코알라

지가 있어 새끼는 주머니 안에서 젖을 먹으며 무럭무럭 자랍니다.

이렇게 새끼는 주머니 속에서 몸무게가 4~5kg이 될 때까지 거의 8개월 동안이나 산답니다.

캥거루의 주머니는 원래 젖꼭지 주위에 있던 주름이었고, 새끼는 젖꼭지를 물고 이 주름에 발을 걸고 매달렸는데, 이 주름이 점점 진화하여 마침내 깊은 주머니가 된 것으로 학자들은 생각하고 있습니다.

캥거루처럼 새끼 기르기 전용 주머니를 가진 동물을 유대류라고 합니다. 캥거루와 같이 유대류에 속하는 동물에는 코알라가 있습니다. 코알라도 새끼를 주머니 속에서 키웁니다. 그러다 어느 정도 자라면 등에 업어 키운답니다.

코알라 외에도 새끼 주머니가 있는 동물은 무엇이 있을지 직접 찾아보세요.

 오리너구리는 조류일까요, 포유류일까요?

우리가 사는 세상에는 많은 동물들이 살고 있습니다. 그중에는 아주 이상하게 생겨 우리의 호기심을 불러일으키는 동물들도 있습니다. 그중 하나가 바로 오리너구리입니다.

오리너구리는 이름에서 알 수 있듯이 앞쪽은 오리를 닮았고, 뒤로 갈수록 너구리를 닮았습니다. 조류나 파충류처럼 알을 낳지만, 새끼들에게 젖을 먹인답니다. 오리처럼 발에 물갈퀴가 있어 헤엄을 잘 치기 때문에 물속에서도 잘 돌아다닙니다. 또, 수컷의 발뒤꿈치에는 독샘에 연결되어 있는 침이 있어 그곳에서 독을 뿜어내기도 합니다.

오리너구리

처음 오리너구리가 사람들에게 소개될 때에는 박제 상태였습니다. 이를 본 사람들은 누군가가 너구리의 뼈에 오리의 주둥이를 붙여 놓은 것이라고 생각하고 아무도 오리너구리의 존재를 믿지 않았다고 합니다. 그러다가 실제 살아 있는 오리너구리를 보고서는 혼란에 휩싸이기도 했답니다.

이처럼 희한한 동물인 오리너구리는 알을 낳기는 하지만, 새끼들에게 젖을 먹여 키우기 때문에 포유류로 분류하고 있습니다. 알을 낳는 특성은 파충류의 습성이 남아 있기 때문입니다. 즉 오리너구리는 파충류에서 포유류로 넘어가는 중간 형태라고 할 수 있습니다.

지구 상에 알을 낳는 포유류는 오리너구리와 가시두더지 두 종류만 있답니다.

알을 낳는 포유동물인 가시두더지

낙타는 어떻게 사막에서 오래 견딜 수 있나요?

사막은 비가 거의 내리지 않고, 낮에는 뜨거운 햇빛으로 온도가 40℃를 넘고, 밤에는 영하로 떨어지는 등 동물과 식물이 살아가기 어려운 지역입니다.

이러한 사막에서 잘 적응하여 사는 동물을 꼽자면 바로 낙타일 것입니다. 낙타는 사막에서 무거운 짐을 지고 며칠 동안 물을 먹지 않고도 여행할 수 있는 동물입니다.

낙타의 대표적인 특징은 등에 있는 혹입니다. 낙타는 등에 한 개의 혹이 있는 단봉낙타와 두 개의 혹이 있는 쌍봉낙타가 있습니다.

혹 속에는 지방이 가득 차 있는데, 낙타가 며칠 동안 아무것도 먹지 않고도 버틸 수 있는 이유는 이 지방을 분해하여 영양분과 수분을 보충하기 때문입니다. 즉 낙타는 등에 자기가 먹을 식량을 싣고 다니는 셈입니다.

단봉낙타

낙타 등의 혹은 영양이 부족해 지방을 소모하면 줄어들지만 영양 상태가 좋아지면 다시 원래 상태로 회복됩니다.

낙타는 혹 말고도 사막에서 생활하기 좋은 조건을 가졌습니다.

길고 짙은 속눈썹과 귀에 난 털은 모래가 들어가는 것을 막아 주고, 콧구멍도 마음대로 여닫을 수 있어 역시 모래가 들어가는 것을 막을 수 있습니다. 두껍고 갈라진 입술로 사막의 가시 돋친 식물도 잘 먹습니다.

긴 다리는 뜨거운 땅의 열기를 몸에서 떨어뜨려 주고, 발바닥은 넓적하여 모래에 잘 빠지지 않고, 또한 두꺼워서 뜨거운 모래 위를 걸어도 끄떡없답니다. 한편, 더운 날씨에 낙타끼리 서로 몸을 비비는 것은 사막의 공기보다 다른 낙타의 몸이 더 시원하기 때문이다.

40℃의 기온에서도 몸속의 수분이 보존되도록 땀을 흘리지 않으며, 몸무게의 40% 가까운 수분이 빠져나가도 견딜 수 있는 생명력을 가졌습니다.

이처럼 사막에서 생활하기 좋은 조건을 가진 낙타는 지구력 또한 대단해서 사막과 같은 혹독한 지역에서도 사람을 태우고 100km를 넘게 갈 수 있습니다.

동물은 왜 겨울잠을 잘까요?

추운 겨울이 되면 겨울잠을 자는 동물들이 있습니다. 동물이 겨울잠을 자는 이유는 크게 두 가지로 나눌 수 있는데, 하나는 체온 변화 때문이고, 다른 하나는 먹이 부족 때문입니다.

개구리나 뱀, 도마뱀 같은 동물은 외부의 온도가 내려가면 체온도 따라서 내려갑니다. 이러한 동물을 변온 동물이라고 합니다. 변온 동물에는 양서류, 파충류, 어류 등이 있습니다.

변온 동물은 스스로 체온 조절을 완전하게 할 수 없어 기온이 내려가면 체내 활동이 둔화되므로 추운 겨울을 이겨내지 못하고 겨울잠에 드는 것입니다. 이들은 외부 온도에 의해 체온이 변화하는 것을 막기 위해 주로 땅속이나 강바닥에서 잠을 자게 됩니다.

변온 동물과는 반대로 외부 온도가 변해도 일정한 체온을 유지하는 동물

이 있는데, 이러한 동물을 정온 동물이라고 합니다. 정온 동물에는 포유류와 조류가 있습니다.

그러면 곰과 같은 정온 동물은 왜 겨울잠을 잘까요? 겨울에는 먹잇감을 구하기가 어렵습니다. 그래서 먹이를 먹지 않거나 조금만 먹어도 견딜 수 있게, 될 수 있는 대로 움직이지 않고, 에너지를 소모하지 않기 위해 겨울잠을 자는 것입니다.

그렇다면 동물들은 겨울잠을 자는 몇 개월 동안 왜 굶어 죽지 않을까요?

겨울잠을 자는 동물은 대부분 겨울잠을 자기 전까지 충분한 양의 먹이를 먹어 영양분을 지방으로 저장해 둔 다음 겨울잠을 자는 동안 천천히 분해합니다. 잠을 자는 동안에는 움직임이 없고, 체온이 떨어지며, 호흡수도 줄어 열량 소비가 줄어들기 때문에 굶어 죽지 않는 것입니다.

다람쥐와 같은 경우에는 겨울잠을 자기 전에 먹이를 준비에 두었다가 때때로 잠을 깨어 먹이를 먹기도 합니다.

 곤충은 어떻게 탈바꿈을 할까요?

사람을 포함한 대부분의 포유동물은 태어나서 어른이 될 때까지 몸은 커지지만 몸의 구조는 크게 변하지 않습니다. 그러나 잠자리, 나비와 같은 곤충은 성충이 될 때까지 몇 번의 탈바꿈을 하면서 생김새가 달라집

- 노란색 원추형의 알을 낳는다.
- 배추흰나비의 성충은 대롱 모양의 빠는 입을 가지고 있다.
- 머리, 가슴, 배의 세 부분으로 이루어져 있다.
- 번데기 과정을 거치는 완전 탈바꿈을 한다.

배추흰나비의 성충 / 알 / 애벌레 / 번데기

니다.

　이와 같이 생김새가 달라지는 현상을 변태라고 합니다. 그렇다면 곤충은 어떻게 탈바꿈을 하는 것일까요?

　배추흰나비를 관찰해 보며 곤충이 탈바꿈하는 과정을 살펴봅시다.

　배추흰나비는 날개가 있어 잘 날아다니며, 배추 잎이나 그 밖의 채소들의 잎에 알을 낳습니다. 이 알은 며칠이 지나면 색깔이 연해지고 속에서 애벌레가 껍질을 뚫고 나옵니다.

　이 애벌레는 몸이 커지면서 자라는 동안 네 번 허물을 벗는데, 이렇게 허물을 벗는 것을 탈피라고 합니다. 곤충이 허물을 벗는 것은 몸통이 커짐에 따라 지금까지 몸을 감싸고 있던 허물을 벗지 않고서는 성장할 수가 없기 때문입니다.

　다 자란 애벌레는 적당한 곳을 찾아 몸체를 고정시키고 번데기가 됩니다. 이 번데기에서 배추흰나비가 나오게 됩니다.

　배추흰나비와 같이 알 → 애벌레 → 번데기 → 성충의 단계를 거치는 한살이를 완전 탈바꿈(완전 변태)이라고 합니다.

　그런데 곤충 중에는 매미나 잠자리처럼 한살이 과정에서 번데기 단계가 없는 것도 있습니다. 알 → 애벌레 → 성충의 단계를 거치는 한살이를 불완전 탈바꿈(불완전 변태)이라고 합니다.

　곤충은 이런 구조로 번식해 가므로 동물 중에서 가장 그 종류가 많습니다.

거미는 어떻게 거미줄 위를 걸어 다닐까요?

거미는 집짓기 선수입니다. 숲 속의 나뭇가지 사이나 오래된 건물의 구석진 곳에 가면 거미가 지어놓은 집을 볼 수 있습니다.

웬만한 벌레는 거미줄에 걸리면 도망칠 수가 없습니다. 그런데 거미 자신은 그 위를 자유로이 걸어 다닙니다. 어떻게 달라붙지 않고 걷는 것일까요?

거미줄은 끈적끈적하지 않은 세로줄과 끈적끈적한 가로줄로 되어 있습니다.

거미는 집을 지을 때 두 가지의 다른 종류의 실을 사용합니다. 우선 제일 바깥쪽에 틀을 짜고 집의 중심과 틀을 연결하는 줄을 칩니다. 이 줄을 세로줄이라고 합니다.

다음에 집의 중심으로부터 바깥쪽으로 향하여 빙빙 돌면서 소용돌이처럼 줄을 칩니다. 이것을 발판 줄이라고 합니다. 여기까지의 줄들은 끈적끈적하지 않은 것들입니다.

거미줄을 만드는 방법

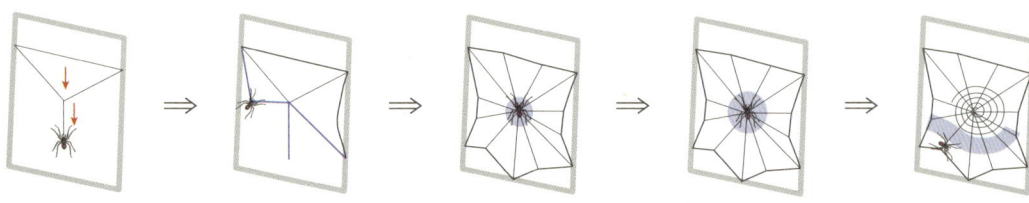

발판 줄이 완성되면 이번에는 바깥쪽부터 발판 줄과 발판 줄 사이를 가로줄을 치며 메꾸어 나갑니다. 이 가로줄에는 끈적끈적한 액체가 발라져 있어 여기에 걸린 벌레는 들어붙어 버립니다.

거미가 거미집 위를 이동할 때는 끈적끈적하지 않은 줄 위로만 걷기 때문에 거미줄에 걸리지 않습니다.

또, 거미의 발은 거미줄 위를 잘 걸을 수 있도록 특별한 고리 모양으로 되어 있고, 거미의 발에 끈적거리는 부분에 닿더라도 잘 달라붙지 않도록 기름과 같은 물질이 묻어 있어 혹시나 끈적거리는 부분에 닿더라도 잘 달라붙지 않는 답니다.

 땅속에 집을 짓는 거미도 있나요?

모든 거미들이 나뭇가지 사이와 같은 공중에 거미집을 짓고 사는 것은 아닙니다. 땅속에 집을 짓는 거미도 있고, 아예 집을 짓지 않는 거미도 있습니다.

거미는 한곳에 정착해서 사는 종류와 이리저리 떠돌아다니는 종류로 구분할 수 있습니다. 한곳에 정착해서 사는 거미는 거미집을 지어 생활하는데, 그중에서도 땅거미는 공중이 아닌 땅속에 집을 짓고 생활합니다.

이리저리 떠돌아다니는 거미로는 깡충거미가 있습니다. 깡충거미는 거미줄로 사냥하지 않고 풀밭에서 뛰어다니며 직접 사냥을 합니다.

닭은 왜 계속 알을 낳을까요?

달걀은 우리 몸에 필요한 단백질이 풍부한 영양 식품입니다. 달걀에는 수정란과 미수정란의 두 종류가 있습니다. 수정란을 유정란, 미수정란을 무정란이라고도 합니다.

수정란은 암탉과 수탉이 짝짓기를 하여 낳은 달걀입니다. 즉 난자와 정자가 만나 수정이 된 알이지요. 그리고 수컷과 짝짓기를 하지 않고 암탉 혼자서 낳은 달걀이 미수정란입니다.

수정란은 암탉이 품으면 나중에 병아리로 부화하지만 미수정란은 아무리 품고 있어도 병아리로 부화하지 않습니다.

그렇다면 암탉은 왜 부화하지도 않는 미수정란을 낳을까요?

원래 대부분의 조류는 미수정란을 낳습니다. 주로 주변에 먹이가 풍부하다고 느낄 때 알을 낳는데 그때 수컷과 짝짓기를 하지 않으면 미수정란이 되는 것입니다.

닭의 경우는 보통 조류보다 알을 많이 낳는데, 그 이유는 닭이 이렇게 알을 많이 낳을 수 있도록 사람들이 품종 개량을 했기 때문입니다. 또, 알을 많이 낳을 수 있는 환경을 만들어 주기도 하지요. 보통 양계장에서 자라는 닭은 1년에 200~250개 정도의 알을 낳는다고 합니다.

지렁이는 어떻게 땅을 기름지게 할까요?

지렁이는 보기에는 징그럽지만 아주 유익한 생물입니다. 그리스의 철학자인 아리스토텔레스는 지렁이를 가리켜 '대지의 창조자'라고 했으며, 생물학자인 영국의 생물학자인 다윈도 지렁이를 '지구에서 가장 가치 있는 생물'이라고 표현했습니다. 이들은 왜 이렇게 지렁이를 극찬을 했을까요?

지렁이는 자기 몸무게의 반 또는 자기 몸무게 이상의 먹이를 먹고, 먹은 양의 90% 이상을 배설합니다. 지렁이의 배설물은 매우 기름져서 농사가 잘 되게 합니다.

빗물이 스며들지 않을 정도로 단단히 굳어 있는 땅에서는 나무와 풀들도 자라기 힘듭니다. 지렁이는 땅속을 이동하면서 터널을 파 나가므로 딱딱한 흙을 갈아엎어 부드럽게 하는 일도 해 줍니다.

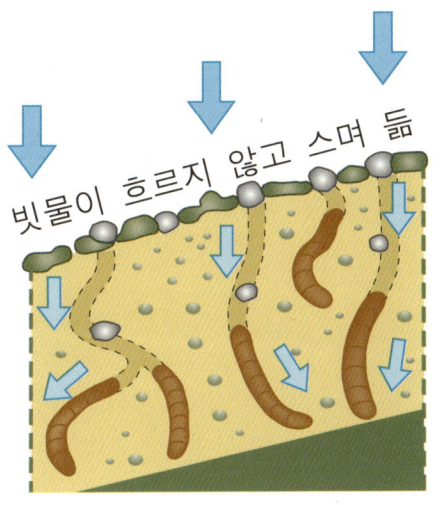

땅속에 지렁이가 많으면 토양에 영양분이 많아지고 흙이 폭신폭신해집니다. 따라서 공기와 물을 잘 통하게 하여 식물이 잘 자라도록 도와줍니다.
이렇듯 지렁이는 땅을 경작해 주고 영양분을 공급해 주는 작은 일꾼입니다.

 ### 비오는 날 지렁이가 밖으로 나오는 이유

지렁이는 보통 땅속에서 살기 때문에 평상시에는 잘 볼 수가 없습니다. 그런데 비가 오는 날에는 지렁이가 길가에 나와 있는 모습을 종종 볼 수 있습니다. 지렁이는 피부로 호흡을 하는데 비가 오는 날에는 빗물이 땅속으로 스며들어 지렁이가 숨을 쉴 수 없게 됩니다. 따라서 숨을 쉬기 위해 밖으로 나왔다가 비가 그치면 다시 땅속으로 들어갑니다.

가끔 딱딱한 땅까지 움직인 지렁이는 비가 그친 뒤 다시 땅속으로 들어가지 못한 채 햇빛을 받아 말라죽기도 합니다.

개미는 왜 일을 할까요?

우리 주변을 둘러보면 개미가 열심히 돌아다니면서 나뭇잎이나 벌레 같은 먹이를 개미굴로 옮기는 광경을 흔히 볼 수 있습니다. 누가 봐도 개미는 열심히 일을 하는 일꾼입니다.

개미는 세계 어느 곳에나 분포하며, 그 종류도 5,000~1만 종 정도나 있습니다. 크기도 다양하여 1mm도 안 되는 개미도 있고, 20mm 정도나 되는 개미도 있습니다.

개미는 여왕개미, 수개미, 일개미의 세 가지 계급으로 분류할 수 있습니다.

일개미는 먹이를 구하기 위하여 일을 하고, 둥지의 확대와 수리, 여왕개미가 낳은 알과 애벌레, 번데기 돌보기 등의 일을 합니다.

일개미는 암컷이지만 생식 기관이 발달되지 않았으며, 날개가 없습니다.

수개미는 여왕개미보다 작고 날개가 있어 날 수 있습니다. 평상시에는 하는 일 없이 지내다가 여왕개미와 결혼 비행 후 죽습니다.

여왕개미는 날개가 있고, 생식 기관이 잘 발달되어 있어 배가 일개미나 수개미보다 훨씬 커다랗습니다. 날개는 결혼 비행 후에는 떼어내고 둥지를 지어 알을 낳습니다.

개미의 생활에는 재미있는 일이 여러 가지 있습니다. 그 하나로 열대 지방에 있는 군대개미는 집단으로 다른 개미집을 습격하여 번데기를 빼앗아 자기들 굴로 운반하고 부화하면 그 일개미로 하여금 자기들의 알을 돌보게 합니다.

개미의 생활은 종류에 따라 지역에 따라 모두 차이가 있습니다.

 ## 서로 돕고 사는 개미와 진딧물

진딧물은 몸길이 2~4mm로 주로 식물에 붙어 체액을 빨아먹고 사는 곤충입니다. 진딧물과 개미는 서로 도우며 살고 있습니다.

개미는 진딧물보다 몸집이 크고 힘이 세어 진딧물의 천적인 무당벌레로부터 진딧물을 보호해 주고, 대신 진딧물이 배설한 물(감로수)을 먹이로 얻습니다.

이렇듯 각기 다른 두 종이 서로 도움을 주고받는 관계를 공생이라고 합니다.

생태계는 어떻게 평형을 유지할까요?

　미국의 옐로스톤 국립공원에서 있었던 일입니다. 1920년대에 당시 이곳 주민들은 인간에게 위협이 되는 숲에 사는 늑대들을 사냥하여 멸종을 시켰습니다.

　그런데 숲에서 가장 힘이 센 동물이었던 늑대가 사라지자 이 숲의 먹이 사슬에 균형이 깨지기 시작하였습니다. 늑대가 이 숲의 사슴을 잡아먹어서 사슴의 숫자를 줄여 주었는데, 늑대가 사라지자 사슴의 숫자가 급속히 늘어난 것입니다. 늘어난 사슴들은 숲에 있는 식물의 새싹까지 먹어 치웠고, 결국 숲은 갈수록 황폐해져 갔습니다. 숲이 황폐해지자 이 숲에 사는 비버, 새, 곤충, 물고기 등 다른 동물들도 살기 힘들어졌습니다.

결국 숲을 살리기 위해서는 늑대가 필요하다는 사실을 깨닫고 사람들은 다시 숲에 늑대를 풀어놓았습니다. 그 결과 사슴의 수가 정상적으로 줄었고 숲도 다시 살아나기 시작했습니다. 늑대의 부활이 숲을 살린 것입니다.

늑대는 사슴에게는 해로운 동물일지 몰라도 숲의 생물들에게는 이로운 동물인 것입니다.

이처럼 생태계에서는 각 생물들이 서로 얽혀 먹고 먹히는 관계를 유지하면서 평형을 유지합니다. 사슴에게 늑대는 천적이겠지만 숲 생태계 전체에 있어서는 없어서는 안 될 존재인 것입니다.

 ## 먹이 사슬이란 무엇일까요?

먹이 사슬은 생물들이 서로 먹고 먹히는 관계를 순서대로 나열한 것입니다. 예를 들어 메뚜기가 벼를 먹고, 개구리가 메뚜기를 잡아먹고, 개구리는 뱀에게 잡아먹히고, 그 뱀을 매가 잡아먹는다면, 하나의 먹이 사슬이 형성된 것입니다.

식물은 어떻게 자랄까요?

동물은 다른 동물이나 식물을 먹고 자랍니다. 그렇다면 식물은 무엇을 먹고 자랄까요?

식물도 동물처럼 물을 필요로 합니다. 물이 없으면 시들어서 말라 죽습니다. 물은 땅속에 있는 영양분을 흡수해서 몸속으로 운반하는 역할도 합니다. 농사를 지을 때에는 땅속에 거름을 주어 영양분을 보충해 줍니다.

햇빛도 중요합니다. 같은 종류의 식물을 양지바른 곳과 그늘진 곳에 두면 양지바른 곳에 있는 것이 더 잘 자랍니다.

식물이 자라는 데는 물, 온도, 햇빛, 양분, 공기가 필요합니다.

공기도 필요합니다. 공기 속에는 이산화탄소가 포함되어 있는데, 식물은 이산화탄소를 필요로 합니다.

식물의 잎에는 엽록체라는 것이 있고, 엽록체는 그 안에 엽록소를 품고 있습니다. 엽록소는 녹색을 띠고 있으며 현미경으로 보지 않으면 안 보일 정도로 작습니다. 식물의 잎이 녹색인 것은 엽록소 때문입니다.

잎을 햇빛에 쬐면 엽록소가 반응하여 빛 에너지를 흡수하고, 엽록체는 뿌

식물의 잎은 광합성을 하여 양분을 만듭니다. 또, 대부분의 경우 잎의 뒷면에 기공이 있어 산소와 물을 내보내고 이산화탄소를 흡수합니다.

리에서 빨아들인 물과 양분, 그리고 공기 중의 이산화탄소와 빛 에너지를 혼합하여 식물이 살아가는 데 필요한 포도당을 만들게 됩니다. 이것을 광합성이라고 합니다.

이렇게 만들어진 포도당은 다시 과당, 녹말 등 여러 가지 영양분으로 바뀌어 저장이 됩니다. 우리들이 먹는 과일이나 쌀, 밀가루 등은 모두 식물의 광합성 작용으로 만들어진 것입니다.

식물은 광합성을 통하여 영양분을 만들어 섭취하면서 살아가는 것입니다.

 **흙 없이도 식물이 살 수 있나요?**

식물의 뿌리는 보통 흙 속에 묻혀 있어 몸을 지탱해 주고, 물을 빨아들입니다. 하지만 식물이 사는 데 반드시 흙이 필요한 것은 아닙니다. 예를 들면, 컵에 물을 담아 고구마가 잠기도록 담가 놓으면, 고구마에서 뿌리가 내리고 위쪽에서 잎이 자라게 됩니다.

이처럼 흙을 사용하지 않고 영양분이 풍부한 물에 식물을 키우는 것을 수경 재배라고 합니다.

가정에서 직접 수경 재배를 하면 뿌리의 상태와 성장하는 모습을 관찰할 수 있고, 신선한 채소를 직접 생산해 먹거나 집안을 꾸미는 용도로 이용할 수도 있습니다.

식충 식물은 어떻게 벌레를 잡아먹을까요?

대부분의 식물은 뿌리를 통해 땅속에서 영양분을 얻습니다. 하지만 벌레를 잡아먹고 영양분을 얻는 식물도 있습니다. 이렇게 벌레를 잡아먹는 식물을 식충 식물이라고 합니다. 대표적인 식충 식물로는 파리지옥, 끈끈이주걱, 네펜데스 등이 있습니다.

식충 식물들은 어떻게 벌레를 잡아먹을 수 있을까요?

파리지옥은 잎 가장자리에 가시처럼 생긴 긴 털이 나 있습니다. 또, 잎 안에는 감각모가 있어 개미, 파리 따위의 벌레가 감각모에 닿으면 양쪽 잎을 급히 닫아 벌레를 가두게 됩니다. 이렇게 잡은 벌레는 소화액을 분비하여 천천히 분해하여 양분을 흡수합니다.

끈끈이주걱은 잎에 난 붉은색 선모에서 끈끈한 액체가 나오는데, 여기에 벌레가 걸리면 움직이지 못하게 됩니다. 벌레가 잡히면 잎이 동그랗게 말리고 소화액이 나와 소화를 시킵니다.

파리지옥

끈끈이주걱

네펜데스는 벌레잡이 주머니를 이용하여 벌레를 잡습니다. 벌레잡이 주머니 안에는 액체가 있어 향긋한 냄새로 벌레를 유인하고, 이 냄새를 맡고 찾아 온 벌레가 주머니 안으로 빠지면 천천히 녹여 소화를 시킵니다.

이렇듯 식충 식물들은 저마다의 방법으로 벌레를 잡아먹으며 살아가고 있습니다. 우리도 여름철 파리, 모기를 잡는데 살충제를 쓰는 대신 식충 식물을 길러 보는 것은 어떨까요?

네펜데스

 **식충 식물은 왜 벌레를 잡아먹을까요?**

식충 식물은 동물을 잡아먹는다는 느낌 때문인지 좀 무섭게 느껴집니다. 그렇지만 사실은 열악한 환경에서 살아남기 위해 이렇게 진화를 한 것입니다.

식충 식물은 종류에 따라 서식지가 다양하지만 수중, 늪지대 등 환경이 열악한 지역에서 살아갑니다. 이러한 지역에서는 식물들에게 필요한 영양분이 부족하기 때문에 이러한 영양분을 벌레에게서 얻게 됩니다.

제1장 동물과 식물의 세계

대나무는 왜 다른 나무들보다 빨리 자랄까요?

우후죽순이라는 말을 들어 보셨나요? 우후죽순이란 비가 온 후에 대나무의 새싹인 죽순이 여기저기에서 자라나오는 것을 말합니다. 대나무는 봄에 순이 돋아나는데, 봄비가 오고 난 후에 여기저기서 대나무 순이 하루에 수십 센티미터씩 쑥쑥 자라게 됩니다. 이런 모습을 보고 우후죽순이라는 말이 생겼을 정도로 대나무는 그 자라나는 속도가 빠릅니다.

대부분의 나무는 자라는 속도가 느린데 대나무는 왜 이렇게 자라는 속도가 빠를까요? 보통의 나무는 줄기 끝에 생장점이 있는데, 대나무는 생장점이 마디마디에 모두 있어 한꺼번에 자라기 때문입니다.

이처럼 자라는 속도가 빠른 대나무는 생장하기 시작하면 수십일 만에 다 자라며, 다 자란 뒤에는 줄기가 더 이상 굵어지지 않고 굳어지기만 합니다.

대나무의 특징으로는 속이 비어 있으며, 겨울철에도 잎이 푸르다는 것입니다. 또, 곧게 자라는 성질 때문에 예부터 곧은 절개의 상징으로 여겨져 왔습니다.

그리고 차고 시원한 성질 때문에 돗자리, 죽부인, 방석 등 여름철 생활 용품으로 많이 사용되고 있습니다.

대나무

 ### 대나무는 나무일까요, 풀일까요?

대나무는 키가 크고, 줄기가 굵고 단단하며, 오래 살기 때문에 나무라고 생각하는 사람이 있습니다.

반면, 대나무는 나무처럼 매년 줄기의 굵기가 굵어지지 않고, 속이 비어 있으며, 나이테도 없습니다. 또, 다른 나무들처럼 해를 거듭하여 줄기가 자라는 것이 아니기 때문에 풀이라고 생각하는 사람도 있습니다. 이처럼 대나무는 나무의 특징과 풀의 특징을 모두 가지고 있지만, 나무의 가장 큰 특징이라고 할 수 있는 부피 생장을 하지 않기 때문에 식물학상으로는 풀로 보는 것이 맞습니다.

감자와 고구마는 어떻게 다를까요?

감자와 고구마는 우리들의 영양이 되는 전분을 저장하고 있는 식물입니다. 얼핏 보면 비슷하게 생겼고, 다 같이 땅속에서 자란다는 점 때문에 같은 종류에 속하는 식물처럼 보일 수 있지만, 사실 감자와 고구마는 전혀 다른 종류의 식물입니다.

감자는 줄기가 변한 줄기 식물입니다.

감자는 가지나 토마토, 고추 등과 같은 가짓과에 속하며, 가지나 토마토와 비슷한 꽃 또는 열매를 맺습니다. 그리고 땅속에 있는 줄기가 변화해서 덩이줄기, 즉 감자가 됩니다.

반면 고구마는 메꽃과에 속하며, 메꽃이나 나팔꽃과 같은 과입니다. 꽃 모양도 나팔꽃과 비슷합니다. 고구마는 뿌리에서 생긴 덩이뿌리입니다.

감자를 얻기 위해서는 감자를 되심어야 합니다. 이때 심는 감자를 씨감자라고 합니다. 또, 서늘한 기후에서 잘 자라므로 봄·가을에 많이 가꿉니다. 고구마는 따뜻한 기후를 좋아하는 식물이기 때문에 온상을 만들어 씨 고구마를 묻고 여기서 나오는 싹을 잘라 토양에 심는 것이 감자와 다릅니다.

고구마는 뿌리가 변한 뿌리 식물입니다.

열매가 익으면 왜 색이 변할까요?

대부분의 과일이나 채소 열매들은 익기 전에는 녹색을 띠고 있다가 익으면 색이 변합니다. 토마토의 경우를 생각해 봅시다.

잘 익은 토마토 열매는 빨간색인데, 익기 전에는 잎과 똑같은 녹색을 띠고 있습니다. 이는 열매 속에도 잎과 같은 엽록체가 있고 그 안에 녹색의 근원인 엽록소가 들어 있기 때문입니다. 그런데 이 엽록소는 열매가 커짐에 따라 점점 파괴되고, 리코펜이라는 색소가 증가하여 열매가 빨갛게 익어 갑니다.

햇빛을 듬뿍 받아 잘 익은 토마토는 비타민, 칼슘, 칼륨, 철 등의 영양소가 균형 있게 포함되어 있어 건강에 좋고, 특히 항산화 작용을 하여 암 예방에 도움이 된다고 합니다.

그렇다면 식물은 어째서 열매의 색깔을 변하게 할까요? 그 이유는 씨앗을 퍼트리기 쉽게 하기 위해서입니다. 식물은 움직일 수 없으므로 동물을 이용

익기 전　　　　　　　　　익은 후

하여 씨앗을 퍼뜨려야 합니다.

열매 속에는 씨앗이 있습니다. 이 씨앗이 아직 덜 자랐을 때에는 동물들이 열매를 먹지 못하도록 녹색으로 보호하고 쓴맛이나 떫은맛을 내게 하였다가, 씨앗이 다 자라면 열매를 예쁜 색깔로 변화시키고, 단맛을 내게 하여 동물들이 쉽게 발견하여 먹을 수 있게 하는 것입니다

동물들은 이 열매들을 안전한 곳에 가지고 가서 먹기 위해 운반 도중 떨어뜨리거나 먹고 나서 씨앗을 배설하여 퍼뜨리게 됩니다.

다람쥐의 예를 들어 볼까요? 다람쥐는 배가 부르면 나중에 먹기 위해 여러 군데에 땅을 파고 도토리를 묻어 놓습니다. 그런데 도토리를 묻어 놓은 장소를 모두 기억하지 못한다고 합니다. 때문에 땅속에 묻어 둔 도토리 중 일부가 싹을 틔워 커다란 나무로 자라나기도 합니다.

땅속에 도토리를 숨기는 다람쥐

숲은 왜 중요할까요?

숲 속에는 다양한 생물이 살고 있습니다. 낙엽 밑을 살펴보면 개미, 땅강아지, 지렁이 같은 작은 동물들을 볼 수 있습니다. 고라니, 다람쥐, 너구리 등의 동물들이 숲 속을 돌아다니고, 꾀꼬리, 올빼미, 딱따구리 등 수많은 새들도 볼 수 있습니다. 숲은 이러한 동물들의 삶의 터전이 되는 중요한 장소입니다.

동물들이 살아가기 위해서는 필요한 영양을 식물에서 얻어야 합니다. 만일 식물이 없다면 지구상의 동물은 살아갈 수가 없습니다.

죽은 생물은 세균에 의해 분해되어 자연으로 돌아가게 됩니다. 세균과 같은 미생물이 없다면 지구는 온통 죽은 생물로 뒤덮일 것입니다. 숲에 있는

미생물이나 세균은 이와 같은 중요한 일을 하고 있습니다.

숲의 역할 중 하나는 바로 이산화탄소를 흡수하고 산소를 만들어 내는 일입니다. 생물은 산소가 없으면 살 수 없습니다. 숲에 있는 나무와 풀은 산소를 만듭니다. 또, 숲은 이산화탄소를 흡수함으로써 지구 온난화도 막아 줍니다.

지구 온난화란 이산화탄소와 같은 온실가스가 대기 속에 머물면서 지구의 온도가 높아지는 현상입니다.

또, 숲은 홍수와 산사태를 막아 주기도 합니다. 비가 많이 내려도 식물의 뿌리와 숲의 흙이 물을 빨아들였다가 천천히 계곡으로 내려 보냅니다. 또, 식물의 뿌리가 흙을 끌어안아 산사태가 일어나는 것을 막아 주기도 합니다.

이와 같이 숲은 나무와 풀들이 모여 살면서 다른 생물을 보살피는 중요한 역할을 한답니다.

숲은 야생동물들의 보금자리가 되어 줍니다.

제1장 동물과 식물의 세계

2장

우리 몸에 관한 지식

아침 식사를 거르면 어떻게 될까요?

우리 주위의 청소년 가운데 이런저런 이유로 아침 식사를 하지 않는 학생들이 꽤 있습니다. 그런데 아침 식사를 거르는 것은 그다지 좋지 않습니다.

사람은 저녁 식사 이후 다음날 아침까지 에너지를 소모합니다. 특히 두뇌 활동에 필요한 포도당은 12시간 정도 지나면 고갈되므로 아침 식사로 부족한 포도당을 보충해 주어야 합니다.

아침 식사를 거르면 오전 활동에 필요한 에너지가 부족해 피로감을 느끼거나 공복 상태가 길어져서 점심 식사를 매우 많이 해 비만의 원인이 되며 소화 기관에도 질환이 나타납니다.

아침에 눈을 뜨면 우리 몸은 에너지가 부족한 상태입니다. 이럴 때 아침 식사를 거르고 등교하면 수업 시간에 선생님의 말씀도 잘 안 들어오고 학습 효과도 안 오르게 됩니다. 또한, 부족한 영양분을 근육과 뼈 등에서 빼내어 쓰게 돼 성장에 해롭습니다.

아침 식사를 하면 위, 큰창자, 작은창자 등의 소화 기관의 운동을 도와 신진대사가 활발해지며 변비를 예방해 줍니다. 뇌에 부족한 포도당이 공급되어 뇌가 활발하게 움직이고, 머리가 상쾌해집니다.

결론적으로 아침 식사를 규칙적으로 잘하면 뇌와 몸 전체가 건강해지고 기억력과 집중력 및 사고력이 향상됩니다.

머리가 좋은 사람이 되려면 꼭 아침 식사를 해야 합니다. 그리고 건강에 나쁜 편식을 하지 말고, 여러 가지 영양소를 균형 있게 골고루 섭취하도록 해야 합니다.

우리 몸에 필요한 영양소의 종류

영양소란 성장을 촉진하고 생리적 과정에 필요한 에너지를 공급하는 영양분이 있는 물질을 말합니다. 탄수화물, 단백질, 지방, 무기질, 비타민을 5대 영양소라고 하고, 그중에서도 탄수화물, 단백질, 지방은 가장 중요하여 3대 영양소라고 합니다.

탄수화물이나 지방은 너무 많이 섭취하면 비만이 되기 쉽고, 비타민이나 무기질을 너무 적게 먹으면 우리 몸이 정상적인 기능을 수행하지 못합니다. 따라서 모든 영양소를 골고루 섭취해야 합니다.

우리가 먹은 음식물은 어떻게 될까요?

아침에 먹은 사과가 방금 창자에 도착했다고 합니다.

　소화를 직접 담당하는 기관은 아니지만 우리 몸에서 가장 큰 장기이며 유독 물질의 해독 작용을 하는 간과 가지 모양의 쓸개는 소화가 잘 되도록 도와주는 기관입니다. 즉, 간에서 만들어진 쓸개즙이 쓸개에 저장되었다가 작은창자로 분비되어 소화·흡수를 돕는 것이지요.

　작은창자에서 소화·흡수되고 남은 찌꺼기는 큰창자로 내려갑니다. 큰창자에서는 마지막으로 수분이 흡수하고, 굳어진 찌꺼기가 대변이 되어 항문을 통하여 배설됩니다. 우리가 먹은 음식물은 식도를 지나 위와 창자를 거쳐 항문을 통하여 배출됩니다. 이 과정에서 음식물은 잘게 쪼개져 영양분을 흡수하기 쉬운 형태로 변환되는데, 이러한 과정을 소화라 하고, 소화와 흡수를 실행하는 기관을 소화 기관이라고 합니다.

　음식물이 소화되는 과정은 다음과 같습니다. 입으로 들어간 음식물은 이로 씹혀 잘게 부서지면서 침과 섞여 삼켜집니다. 이때 침은 음식물을 뒤섞는 것을 돕고 음식물에 들어 있는 녹말과 영양소를 소화하여 흡수하기 쉬운 당분으로 변화시키는 역할을 합니다. 밥을 오래 씹으면 약간 단맛이 나는데, 그것은 녹말이 당분으로 변하기 때문입니다.

삼켜진 음식물은 식도를 통하여 위에 도착합니다. 위는 주머니 모양으로 생겼으며 안에 위액이 들어 있어 음식물을 분해시킵니다. 위에서 분해된 음식물은 조금씩 작은창자로 보내집니다.

작은창자는 길이가 6~7m 정도이며, 음식물이 작은창자를 통과하는 동안 여러 가지 녹말과 단백질, 지방 등의 영양소가 소화되어 몸속에 흡수됩니다.

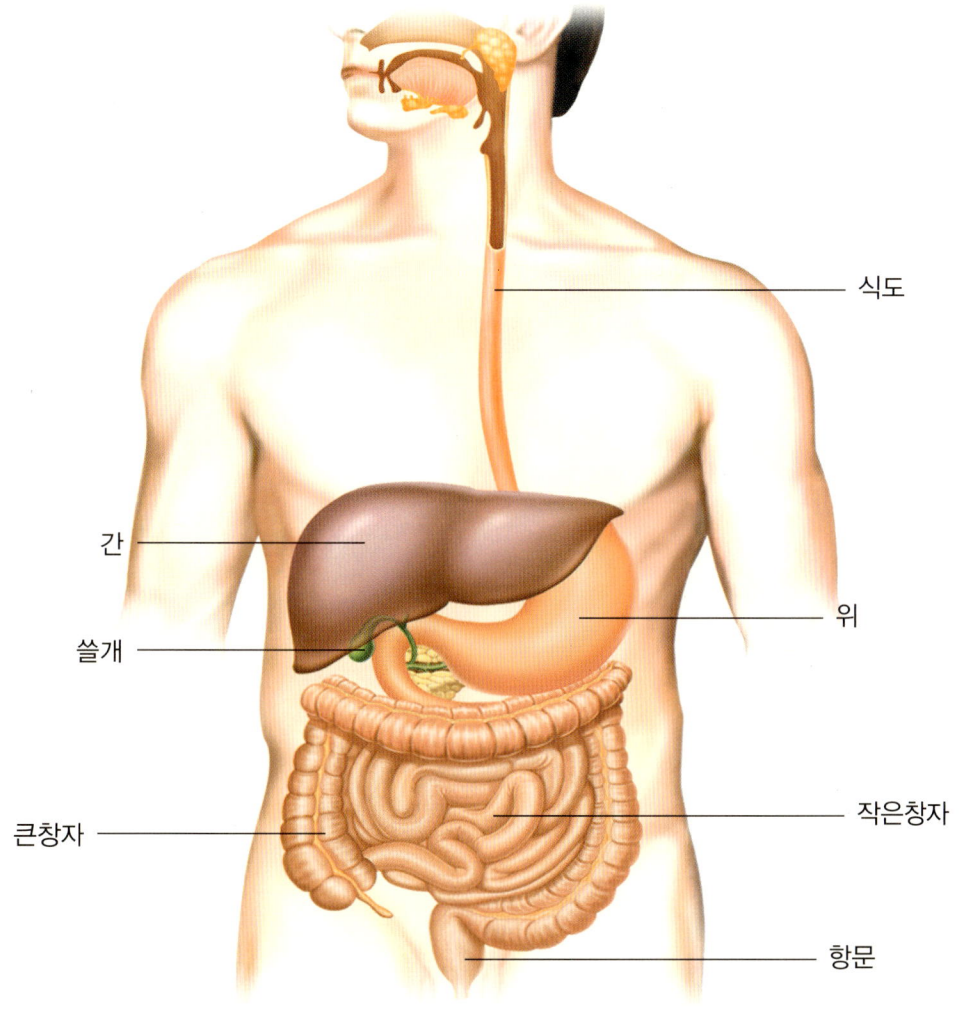

왜 오줌을 누는 것일까요?

우리는 하루에 여러 번 오줌을 눕니다. 오줌의 양은 섭취한 음식물의 양이나 환경 조건에 따라 다르지만 어른 한 사람이 하루에 누는 오줌의 양은 1.5리터 내외입니다.

왜 오줌을 누는 것일까요? 한마디로 말하면 혈액 속에 생긴 노폐물을 몸 밖으로 내보내기 위해서입니다.

우리가 음식물을 섭취하면 영양소가 장에서 흡수되어 혈액과 함께 몸속을 돌다가 콩팥(신장)으로 운반됩니다.

콩팥은 혈액 속에 있는 노폐물을 걸러내어 깨끗하게 해 줍니다. 깨끗해진 혈액은 몸속으로 되돌아가고 남은 노폐물은 오줌이 되어 오줌관을 통하여 방광에 모였다가 요도를 통하여 몸 밖으로 배출됩니다.

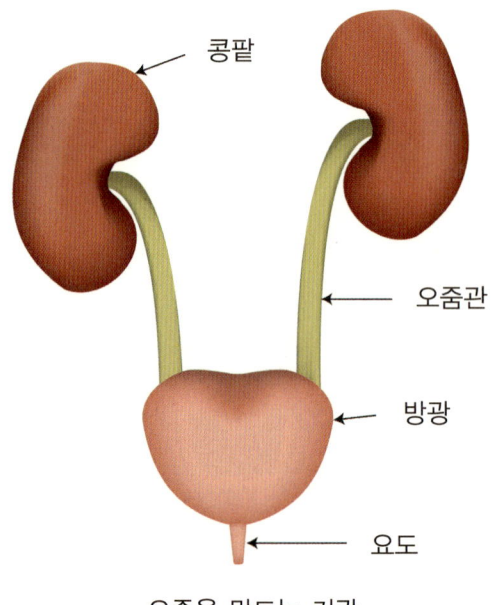

오줌을 만드는 기관

추운 날에는 오줌이 더 자주 마렵습니다. 그 이유는 추우면 땀이 잘 나지 않아 오줌으로 배출되는 노폐물의 양이 많아지기 때문입니다. 또 한 가지는 체온이 떨어지지 않도록 몸에서 더 많은 영양소가 연소되기 때문입니다.

몸속의 노폐물을 그대로 두면 독성 물질이 되어 해롭습니다. 오줌을 누는 것은 필요 없게 된 물과 독소를 몸 밖으로 내버리는 중요한 일입니다.

혹시 밤에 오줌이 마려워도 화장실에 가기 귀찮아 참은 적이 있나요? 오줌을 누지 않고 오랫동안 참으면 방광 속에 세균이나 독소가 차서 방광에 염증이 생기는 등 건강을 해칠 수 있습니다. 그러니 오줌이 마렵거든 참지 말고 화장실에 다녀오세요.

 **어떻게 대소변을 참을 수 있을까요?**

우리는 대변이나 소변이 마려워도 어느 정도 참을 수 있습니다. 그 이유는 항문과 요도에 조임근(괄약근)이라는 근육이 있기 때문입니다. 조임근을 우리 의지대로 조절할 수 있기 때문에 화장실에 갈 때가지 이 근육을 조여서 참는 것입니다.

갓난아이들은 조임근을 어떻게 조절하는지 모르기 때문에 아무 때나 볼일을 봅니다. 그래서 기저귀가 필요하답니다.

왜 채소와 과일을 먹어야 할까요?

요즘 우리 생활에는 다양한 먹을거리가 있습니다. 햄버거, 피자, 치킨, 삼겹살 등 많은 먹을거리가 있는데, 왜 채소와 과일을 먹어야 하는 것일까요?

우리가 먹는 식품군은 동물성 식품과 식물성 식품으로 나눌 수 있습니다. 동물성 식품에는 단백질이나 지방이 주로 들어 있습니다. 이것만으로는 비타민과 무기질 등의 영양소가 부족하므로 반드시 채소와 과일을 먹어야 합니다.

채소와 과일에는 우리 몸에 필요한 여러 가지 무기질과 비타민 및 각종 질병을 예방해 주는 물질이 풍부하게 들어 있습니다.

비타민이나 무기질은 우리 몸의 균형을 유지하게 하며, 이것이 부족하면 쉽게 피로해지고, 여러 면으로 의욕이 떨어져 소극적이 됩니다.

식이성 섬유는 위장 상태를 좋게 하고, 배변이 잘되게 하며, 발암 물질의 작용을 억제하여 대장암을 예방하고 콜레스테롤의 흡수를 막아 주므로 성인병을 예방하며, 위장의 공복감을 덜 느끼게 해 줍니다.

그렇다고 동물성 식품이 나쁘다는 것은 아닙니다. 우리가 먹는 음식이 동물성 식품에 치우쳐 있어 채소와 과일

여러 가지 채소

을 권하는 것이지 동물성 식품 역시 건강에 없어서는 안 되는 중요한 식품입니다.

　채소는 그 종류에 따라 영양소가 각기 조금씩 다르므로, 건강을 위해서는 다양한 채소를 매일 먹는 것이 좋습니다.

　혹시 채소나 과일은 먹지 않고 비타민제나 녹즙 등 건강 보조 식품만으로 영양소를 보충하려고 할 수 있습니다. 하지만 건강 보조 식품만으로는 신선한 식품을 대신할 수는 없습니다.

　또한, 과일은 당분 함량이 많으므로 무조건 많이 먹어서는 안 됩니다. 특히 통조림과 같은 과일 식품은 당분 함량이 더욱 많으므로 생과일을 먹는 것이 좋습니다.

여러 가지 과일

 ## 채소에는 어떠한 종류가 있을까요?

　채소는 우리 몸에 필요한 20여 종류의 무기질과 비타민 및 식이성 섬유를 공급해 주는 식품입니다.

　채소는 이용하는 부위에 따라 가지, 토마토, 고추, 오이와 같은 열매채소, 무, 당근, 참마, 생강, 토란, 우엉과 같은 뿌리채소, 양배추, 배추, 상추, 양파, 시금치와 같은 잎줄기채소로 나눌 수 있습니다.

어떻게 하면 키가 클까요?

만약 여러분에게 "키가 큰 게 좋아요, 작은 게 좋아요?"라고 묻는다면 아마 모두 큰 키를 원한다고 대답할 것입니다. 또한, 키가 작은 어린이는 내 키가 과연 얼마나 클 수 있을까가 고민일 것입니다.

예전에는 키가 큰 사람은 싱겁다고 얘기했었는데, 요즘은 큰 키가 대세인 것 같습니다.

이렇듯 관심의 대상이 되는 키는 언제까지 자랄까요? 키는 우리 몸의 성장판이 열려 있는 동안 자라게 됩니다.

키가 크는 것은 뼈가 자라기 때문입니다. 우리 몸에는 많은 뼈가 있는데, 키가 자랄 때에는 이 모든 뼈가 길어지는 것입니다. 뼈와 뼈 사이에는 관절이 있고, 관절 주변에는 성장판을 구성하고 있는 물렁뼈가 있습니다. 물렁뼈는 뼈처럼 딱딱하지 않지만 뼈와 붙어 있는 곳에서 뼈로 변하여 뼈 전체를 길어지게 합니다.

키가 가장 많이 크는 시기는 2차 성징이 나타나기 직전의 시기입니다. 이때에는 1년에 10cm 이상 크기도 합니다. 하지만 2차 성징이 나타난 후 2년 정도 지나면 성장판이 닫혀 키는 더 이상 크지 않게 됩니다.

대개 부모가 크면 자식도 크고, 부모가 작으면 자식도 작다고 말하는데, 반드시 그런 것만은 아닙니다. 환경 요인 또는 어릴 때부터의 생활 방식에 의해서도 키는 더 클 수도 있기 때문입니다.

그렇다면 키가 크는 데 도움이 되려면 어떻게 생활해야 할까요?

우리의 키를 자랄 수 있게 하는 것은 주로 성장 호르몬의 작용 때문입니다. 이 성장 호르몬은 밤에 자는 동안 많이 나오기 때문에 밤늦게까지 잠을 자지 않으면 키가 크는데 도움이 되지 않습니다. 또, 운동 후에도 많이 나오므로 매일 운동을 하는 것이 중요합니다. 특히 성장판을 자극해 주는 운동을 해 주는 것이 좋습니다.

균형 있는 식사 또한 중요합니다. 규칙적이고 균형 잡힌 식사는 연골에 영양을 잘 공급하여 뼈를 만들기 쉽게 합니다. 음식을 너무 적게 먹거나 편식을 하면 뼈로 갈 성분이 부족해져 키가 클 수 없게 됩니다.

2차 성징이란 성호르몬의 분비가 증가하면서 남성과 여성으로서의 신체적 특징이 나타나는 것을 말합니다.

제2장 우리 몸에 관한 지식

 왜 부모를 닮을까요?

　지구상의 모든 생물은 자신만의 독특한 유전자를 지니고 있습니다. 자식들은 부모가 가진 특징 중 일부를 물려받는 데 이를 유전이라고 합니다. 내 얼굴 생김새, 목소리, 머리카락 색, 성격 등 모두가 유전을 통해 물려받은 것으로, 이러한 특징을 담고 있는 설계도를 유전자라고 합니다.

　생물체의 세포 속에는 부모의 유전 정보를 간직하고 있는 염색체라는 것이 있습니다. 염색체는 DNA라는 아주 긴 유전자의 본체, 즉 유전 정보가 담긴 DNA가 뭉쳐진 것입니다. 이 염색체 속의 DNA에 의해 자식들의 신체 세포가 만들어지므로 얼굴, 체격, 성격 등이 부모를 닮게 되는 것이지요.

　유전자에 대한 연구가 진전되면 우리가 예상하지 못했던 여러 가지 기발한 일들이 일어날 수도 있습니다.

　예를 들어, 앞으로 태어날 아이가 잘생긴 아들이기를 원한다면 딸 유전자

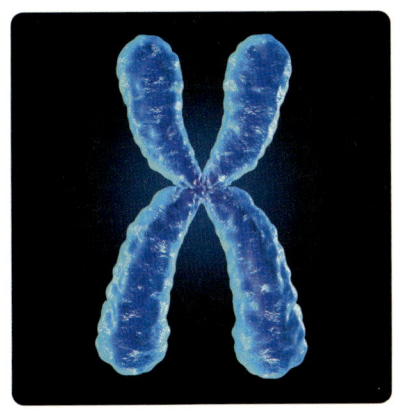
염색체 구조 모형

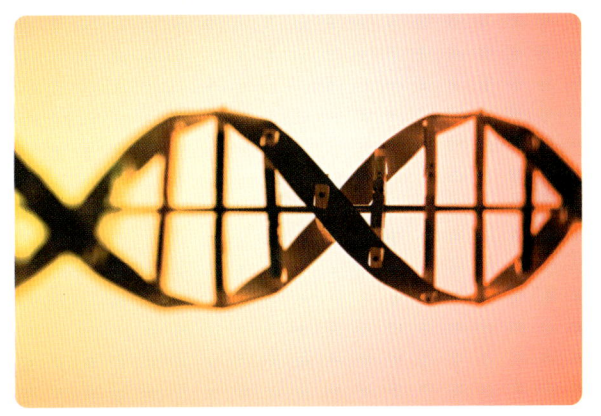
염색체 속의 DNA 구조 모형

를 아들 유전자로 바꾸고 얼굴의 생김을 결정하는 유전자에 잘생긴 사람의 유전자를 넣는 것입니다.

하지만 이러한 일들을 할 수 있는 기술이 있다고 해도 결코 쉽게 해서는 안 됩니다. 생명 윤리를 생각해야 하기 때문입니다. 즉, 엄마 뱃속의 아이 유전자를 인공적으로 바꾸는 일이 과연 올바른 일인지를 생각해 보아야 합니다. 생명을 공장에서 만들어 내는 장난감처럼 가볍게 취급되어서는 안 될 것입니다.

 유전의 법칙을 발견한 멘델

유전의 법칙을 처음 발견한 사람은 오스트리아의 수도사였던 멘델입니다. 그는 수도원에 살면서 완두콩을 심어 수년 간 여러 가지 실험을 하였는데, 그 결과 일정한 법칙에 의하여 유전이 일어난다는 것을 알아냈습니다. 그가 발견한 법칙을 멘델의 법칙이라고 합니다.

우리의 성별은 어떻게 결정될까요?

아이는 엄마의 난자와 아빠의 정자가 결합하여 태어납니다. 아이를 임신한 엄마 아빠가 궁금한 것 중의 하나가 바로 뱃속의 아이가 아들일까, 딸일까 하는 점일 것입니다.

그렇다면 아이의 성별은 언제, 어떻게 결정될까요?

아이는 엄마 아빠에게서 받은 유전자에 따라 성별이 결정됩니다. 앞에서도 이야기했듯이 아이는 엄마의 난자와 아빠의 정자가 만나 태어나는데, 정자와 난자에는 부모의 유전 정보를 간직하고 있는 염색체가 있습니다. 그중에는 남녀의 성을 결정하는 염색체도 있는데, 이 염색체를 성염색체라고 하며, X염색체와 Y염색체가 있습니다.

남자는 X염색체와 Y염색체를 하나씩 가지고 있고, 여자는 X염색체만 두 개를 가지고 있습니다. 그래서 남자는 XY, 여자는 XX라고 표현합니다.

여자는 XX염색체만 가지고 있으므로 어느 난자에나 X염색체만 있습니다. 남자의 XY염색체는 정자를 만들 때 나누어져 어떤 정자는 X염색체를 가지고 있고, 어떤 정자는 Y염색체를 가지고 있습니다. 그래서 Y염색체를 가진 정자가 난자와 만난다면 남자(XY)가 되고, X염색체를 가진 정자가 난자와 만난다면 여자(XX)가 되는 것입니다.

그러니까 아이의 성별은 정자와 난자가 만나 수정이 될 때 결정이 되는 것입니다.

 ## 온도에 따라 성별이 결정되는 동물도 있어요

대부분의 동물은 유전자에 의해 성별이 결정됩니다. 그러나 파충류 중에는 부화할 때의 온도에 의해 성별이 결정되는 동물이 있습니다. 대표적으로 악어와 거북을 들 수 있습니다.

거북의 예를 들면 종마다 차이는 있겠지만 일반적으로 온도가 낮으면 수컷, 온도가 높으면 암컷으로 결정이 됩니다.

거북이 알을 낳는 모습과 부화한 새끼 거북

왜 계속해서 호흡을 할까요?

우리는 항상 숨을 쉬고 있습니다. 숨을 들이쉬면서 몸 밖에서 산소를 흡수하고 내쉬면서 이산화탄소를 몸 밖으로 내보내는 것입니다. 이렇게 숨을 들이쉬고 내쉬는 것을 호흡이라고 합니다.

호흡은 외호흡과 내호흡으로 구분합니다. 외호흡은 호흡을 통해 산소를 몸속으로 받아들이고 이산화탄소를 몸 밖으로 내보내는 활동이며, 내호흡은 허파에서 받아들인 산소를 이용하여 포도당과 같은 영양분을 분해하여 에너지를 얻는 작용입니다.

우리가 들이쉰 공기는 기관지를 거쳐 허파(폐) 속으로 들어갑니다. 허파에는 수많은 허파 꽈리가 있는데, 여기서 혈액으로 산소를 건네주면, 혈액이 온몸을 돌며 세포에 산소를 공급합니다.

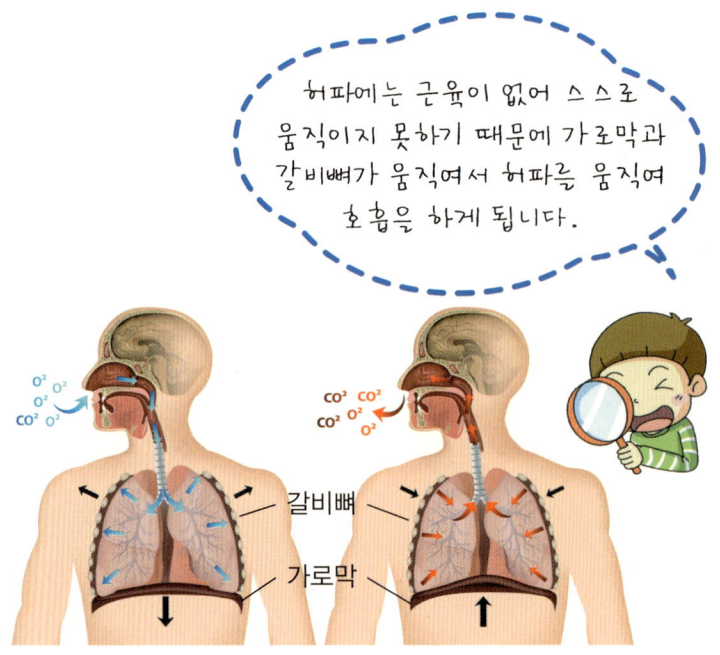

허파에는 근육이 없어 스스로 움직이지 못하기 때문에 가로막과 갈비뼈가 움직여서 허파를 움직여 호흡을 하게 됩니다.

세포에서는 영양소가 산소와 반응하여 이산화탄소와 물로 분해되고, 이때 살아가는 데 필요한 에너지를 얻게 됩니다. 이때 생긴 이산화탄소는 혈액에 의하여 다시 허파로 운반되어 외부로 배출됩니다.

우리 몸속에 이산화탄소가 불필요하게 많이 차 있으면 건강에 해로우므로 숨을 내쉼으로써 폐로부터 이산화탄소를 내보내는 것입니다.

우리는 산소가 없으면 살아갈 수 없습니다. 아무리 음식물을 먹어서 영양소를 늘려도 산소가 없으면 에너지를 만들 수가 없기 때문입니다. 가끔 가슴을 펴고 심호흡을 해서 폐 속으로 신선한 공기가 많이 들어가게 해야 산소가 부족하지 않게 되고, 머리도 상쾌해집니다.

심한 운동을 하면 왜 숨이 찰까요?

우리는 달리기와 같이 심한 운동을 하면 숨이 차는 것을 느낄 수 있습니다. 우리가 움직이기 위해서는 에너지가 필요합니다. 만약 움직이지 않고 가만히 있으면 우리 몸은 에너지가 많이 필요하지 않습니다. 하지만 달리기와 같은 심한 운동을 한다면 어떻게 될까요? 그만큼 많은 에너지가 필요하게 됩니다.

그렇다면 에너지는 어디에서 얻을까요? 바로 영양소로부터 얻습니다. 따라서 에너지를 발생시키기 위해서는 영양소를 에너지로 바꾸어야 하는데 이때 필요한 것이 산소입니다. 심한 운동을 하게 되면 많은 에너지를 내야 하기 때문에 평상시보다 많은 산소가 필요하게 되므로 숨이 차게 되는 것입니다.

심장은 왜 뛰는 것일까요?

심장은 원뿔형의 주머니 모양으로 가슴 중앙의 약간 왼쪽에 있습니다. 가슴에 손을 대 보면 심장이 뛰는 것을 느낄 수 있는데, 보통 초등학생은 1분에 80~90번, 어른은 60~70번을 뜁니다.

심장은 왜 뛰며, 심장의 역할은 무엇일까요?

심장은 산소와 영양소를 운반하는 혈액을 온몸으로 운반하는 펌프의 역할을 하고 있으므로 쉴 수가 없습니다. 만약 심장이 멈추면, 온몸에 산소 공급이 중단되어 세포가 파괴되고 결국 죽음에 이르게 됩니다.

우리가 달리기와 같은 운동을 하면 심장이 빨리 뜁니다. 운동을 할 경우 많은 에너지를 소모하게 되므로 몸에 산소량이 빨리 줄어듭니다. 그래서 심장은 될 수 있는 대로 많은 혈액을 온몸에 운반하기 위하여 더욱 빨리 뛰는 것입니다.

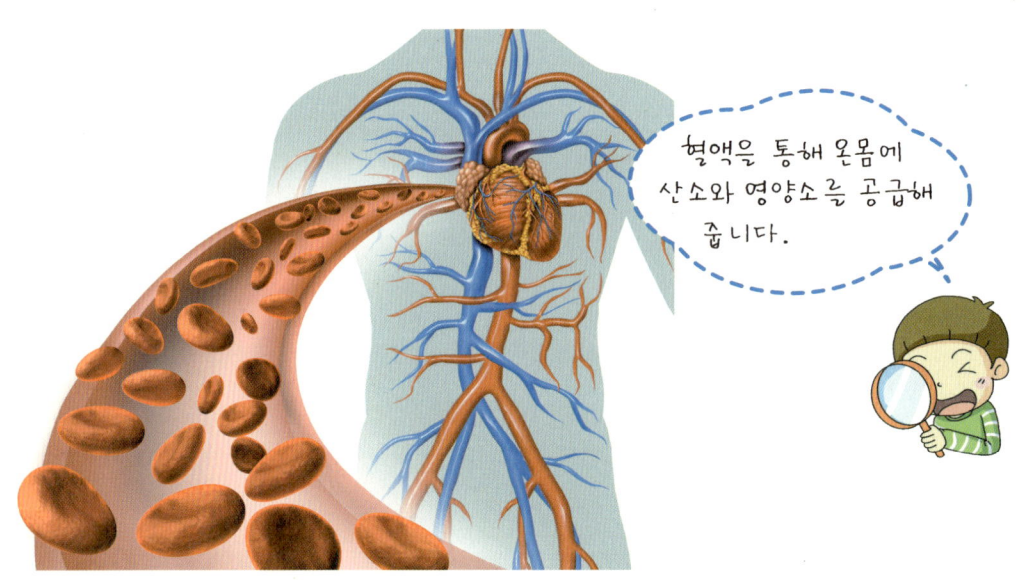

심장은 좌심방, 우심방, 좌심실, 우심실로 구성되어 있습니다. 심방은 심장에서 정맥(몸의 각 부분에서 혈액을 모아 심장으로 보내는 혈관)과 직접 연결되어 있는 부분이며, 심실은 심장에서 동맥과 직접 연결되어 있는 부분입니다.

몸속을 순환한 혈액은 우심방을 거쳐 우심실로 들어가고 이곳에서 폐로 운반되어 산소를 취하고 좌심방으로 들어갑니다. 그리고 좌심실을 거쳐 몸속으로 운반됩니다. 각 방에는 혈액이 역류하지 않게 하는 판막이 있습니다. 가슴이 두근거리는 것은 이 판막이 열렸다 닫혔다하기 때문입니다.

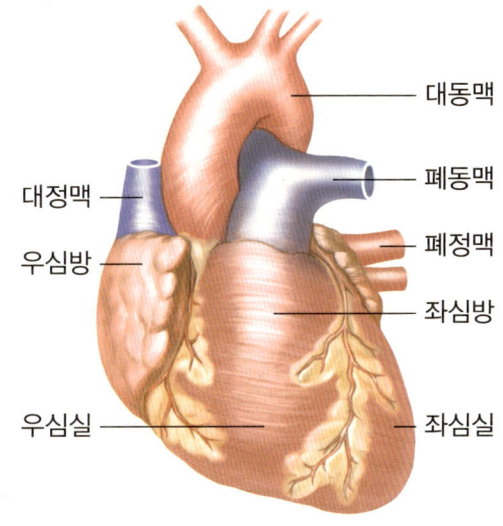

심장의 구조

 ### 좋아하는 사람을 만나면 가슴이 두근거리는 이유

밤에 무서운 영화를 보거나 좋아하는 사람과 만났을 때 가슴이 평소보다 두근거리는 것을 느낄 수 있습니다. 이렇게 가슴이 두근거리는 이유는 우리 뇌에서 교감 신경을 자극하기 때문입니다.

우리 몸에는 많은 신경이 있는데, 그중 교감 신경은 우리가 긴장하거나 흥분했을 때 작용하며, 심장이 빠르게 뛰거나 침이 마르거나, 땀을 흘리는 등의 반응을 일으킵니다.

상처가 난 자리에 왜 딱지가 앉을까요?

달리기를 하다가 넘어지거나 어디엔가 부딪쳐서 살갗이 까지면 피가 나옵니다. 하지만 피는 곧 멈추고 상처가 난 자리에는 딱지가 앉게 됩니다. 어째서 상처가 난 자리에 딱지가 앉을까요?

사람의 핏속을 들여다보면 적혈구, 백혈구, 혈소판이라는 세포가 있습니다.

적혈구는 온몸에 산소를 운반하는 일을 합니다. 적혈구에는 헤모글로빈이라는 혈색소가 있는데, 이 헤모글로빈이 산소와 쉽게 결합하여 산소를 운반합니다. 또, 헤모글로빈 때문에 피가 빨간색을 띠는 것입니다.

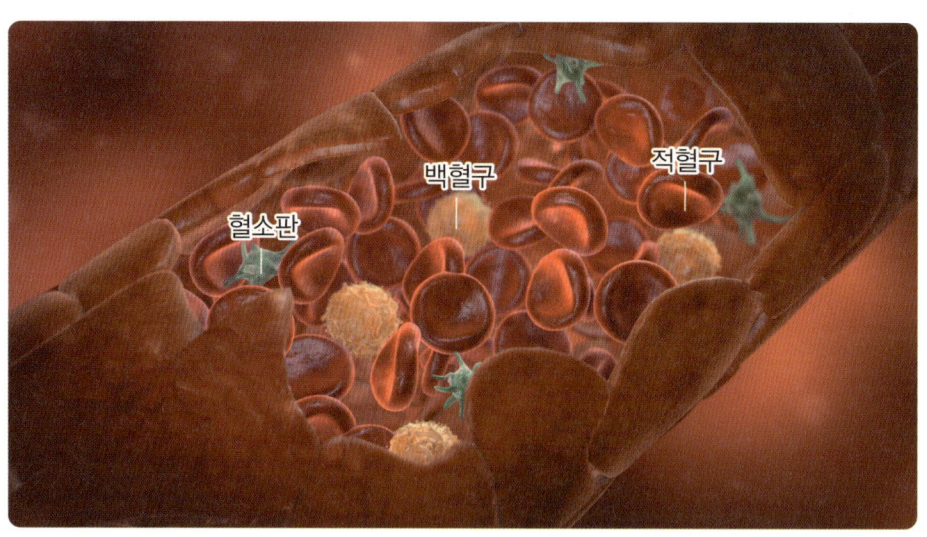

백혈구는 우리 몸 안에 병원체가 들어왔을 때 이에 대항하여 싸워 우리 몸을 보호하는 일을 합니다.

그리고 혈소판은 피를 굳게 하는 일을 합니다. 만약 혈소판이 없다면 상처에 출혈이 계속되어 생명이 위태로울 수도 있습니다.

우리 몸에 상처가 나면 상처 난 자리에 혈소판이 모이게 됩니다. 그 후에 혈소판이 파괴되면서 피를 굳게 하는 물질이 나오는데, 이 물질이 상처의 피를 굳게 하여 딱지가 생기게 됩니다.

상처에 딱지가 앉으면 딱지 아래에서는 새살이 돋는 등 상처를 아물게 하는 작업이 진행됩니다. 이때 딱지 주위가 가렵기도 한데, 그렇다고 긁거나 딱지를 떼어내서는 안 됩니다. 딱지는 외부 병원균이 몸 안으로 침입하는 것을 막아 주는 역할을 하기 때문입니다.

혈액형은 어떻게 구분할까요?

혈액형은 A형, B형, AB형, O형으로 나타내는 ABO식 혈액형이 많이 쓰이고 있습니다. 혈액형이 중요한 이유는 혈액형이 맞지 않는 피를 수혈 받았을 경우 피가 굳어 생명을 잃을 수 있기 때문입니다. 실제로 옛날에는 사람마다 혈액형이 다르다는 것을 몰랐기 때문에 아무렇게나 수혈을 하여 많은 사람이 죽기도 했습니다.

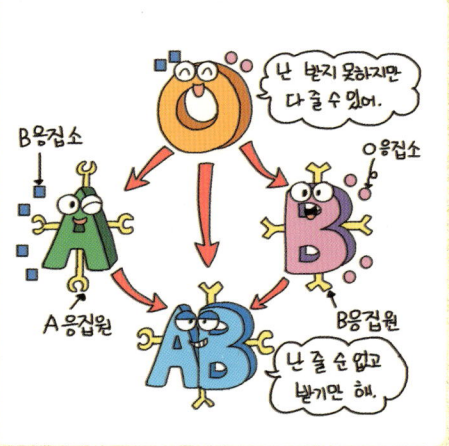

 충치는 왜 생길까요?

우리의 치아는 평생 두 번 납니다. 치아는 생후 6~8개월부터 나기 시작하여 총 20개가 생기는데 이를 젖니라고 합니다. 젖니는 6~7세부터 차차 빠져 새로운 치아가 나오는데 이를 영구치라고 합니다. 영구치는 한번 빠지면 다시 나지 않기 때문에 관리를 잘 해 주어 충치가 생기지 않게 해야 합니다.

흔히 단것을 너무 많이 먹기 때문에 충치가 생긴다고 합니다. 입 속에 있

충치의 진행

는 단것을 좋아하고, 치아 사이에 붙어 있는 음식 찌꺼기의 당분이나 녹말을 먹이로 하여 사는 세균이 있습니다. 이 세균이 단것을 먹고 분비하는 물질이 치아를 상하게 하는 것입니다.

따라서 충치를 예방하기 위해서는 음식을 먹은 다음 바로 양치질을 해야 합니다.

양치질을 할 때에는 칫솔질을 바르게 해야 합니다. 칫솔질을 제대로 하지 않는다면 남아 있는 음식물 찌꺼기가 각종 세균 및 침과 함께 단단하게 굳어서 치석이 됩니다. 치석은 치아를 둘러싸고 있는 조직을 파괴하며, 칫솔질로도 제거할 수 없습니다.

다음과 같이 칫솔질을 하여 치아를 깨끗하게 하도록 합시다.

① 치아의 안쪽 면과 바깥쪽 면은 칫솔을 45도 정도 기울인 채로 잇몸에서 치아 방향으로 쓸어내듯이 닦습니다. 이때 칫솔 모가 치아 사이로 충분히 들어가도록 하여 치아 사이에 음식 찌꺼기가 남아 있지 않도록 합니다.

② 앞니의 안쪽은 칫솔을 세워서 닦습니다.

③ 어금니의 씹는 윗면은 둥글게 원을 그리면서 닦습니다.

④ 혀를 닦을 때에는 혀 안쪽에서 혀끝의 방향으로 닦습니다.

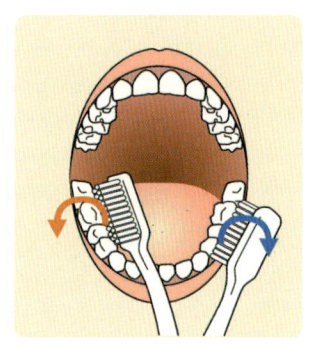 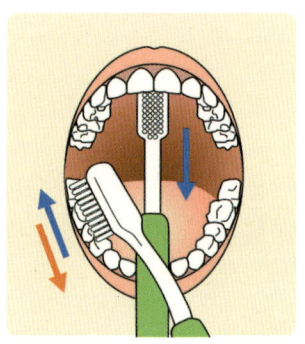 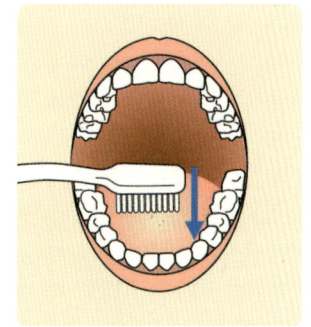

 높은 산에 올라가면 왜 귀가 멍멍해질까요?

우리의 귀는 외부의 소리를 받아들이고 그것을 청신경을 통해 대뇌로 보내는 일을 합니다.

외부의 소리, 즉 공기의 진동은 귓속으로 들어오면 제일 먼저 고막에 부딪치게 되고, 고막은 공기의 진동을 속귀 쪽으로 전달하는 역할을 합니다. 따라서 우리가 소리를 잘 들으려면 먼저 고막이 제대로 공기의 진동을 전해야 하는데, 그러기 위해서는 고막의 안쪽 공기와 바깥쪽 공기의 압력이 같아야 합니다.

귓속에는 이와 같은 역할을 하는 기관이 있는데, 바로 귀관입니다. 귀관은 한쪽이 콧속과 연결되어 있어 공기를 귓속으로 넣었다 뺐다 하면서 귓속의 압력을 조절해 줍니다.

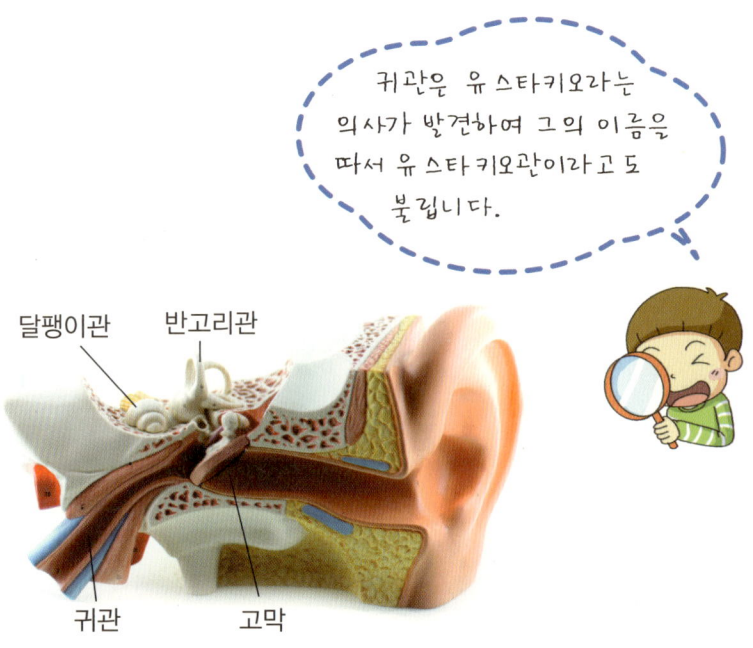

귀관은 유스타키오라는 의사가 발견하여 그의 이름을 따서 유스타키오관이라고도 불립니다.

비행기를 타고 이륙할 때나 높은 산에 오르면 귀가 갑자기 멍멍해질 때가 있습니다. 이는 귓속 공기의 압력과 바깥쪽 공기의 압력이 달라서 생기는 현상입니다. 높은 곳은 낮은 곳보다 공기 압력이 낮기 때문에 갑자기 높은 곳으로 올라가면 고막이 압력이 낮은 곳으로 밀려들어가는 모습이 됩니다. 이 때문에 귀가 멍멍해지는 것입니다.

이처럼 귀가 멍멍해질 때는 하품을 해 봅시다. 하품을 하면 일시적으로 귀관이 열려 코를 통해 공기가 빠져나가 압력이 같아져 멍멍한 증상이 사라집니다.

 빙글빙글 돌다 멈추면 어지러운 이유

우리의 귀는 소리를 듣는 일만 하는 것은 아닙니다. 귓속에는 우리의 몸의 균형을 유지해 주는 기관이 함께 있습니다. 그중 반고리관은 우리의 몸이 얼마나 회전하고 있는지를 감지하는 일을 합니다.

반고리관 안에는 림프라는 액체가 있는데 우리가 돌다가 멈추어도 림프는 멈추지 않고 계속 움직입니다. 즉 우리 몸은 정지해 있지만 감각 기관은 우리가 계속 돌고 있다고 느끼기 때문에 어지러움을 느끼는 것입니다.

반고리관 외에도 귓속에는 수직 방향의 움직임을 감지하는 둥근주머니, 수평 방향의 움직임을 감지하는 타원주머니가 있습니다. 반고리관, 둥근주머니, 타원주머니를 통틀어 전정 기관이라고 합니다.

냄새는 어떻게 맡을까요?

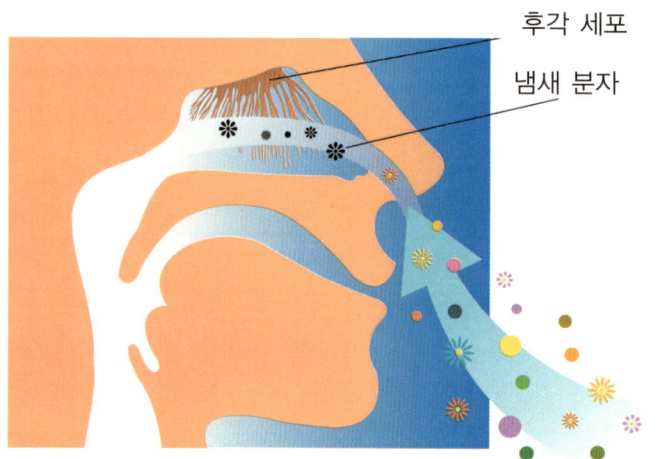

각각의 후각 섬모에 달라붙은 냄새 분자에 따라 각기 다른 정보를 보내기 때문에 여러 가지 냄새가 섞여 들어와도 이를 구분할 수 있어요.

후각 세포
냄새 분자

코는 우리가 숨을 쉬는 호흡 기관이자 냄새를 맡는 후각 기관입니다. 또한, 코는 음식의 맛을 느끼는 일에도 관여를 합니다. 우리는 쓰거나 맛없는 음식을 먹을 때 코를 막고 먹고는 합니다. 그 이유는 냄새를 맡지 못하면 맛도 잘 느낄 수 없기 때문입니다.

이렇듯 코는 많은 일을 하지만 그중 코만이 할 수 있는 일은 냄새를 맡는 것입니다. 우리는 어떻게 코를 통해 냄새를 맡을 수 있을까요?

콧속 천장에는 냄새를 맡는 후각 세포가 있습니다. 후각 세포에는 실처럼 가는 섬모가 많이 나 있어 우리가 숨을 쉴 때 콧속으로 들어오는 냄새 분자가 이 섬모에 달라붙어 후각 세포를 자극하고, 그 자극이 후각 신경을 통해 대뇌로 전달이 됩니다. 이때 우리는 냄새를 느끼게 되는 것입니다.

즉, 냄새는 코로 맡지만 무슨 냄새인지를 구별하는 것은 대뇌에서 하는 것입니다. 대뇌에서 한 번 맡은 냄새를 기억해 두었다가 다음에 비슷한 냄새가 나면 기억을 되살려 구분하는 것입니다.

재미있는 것은 이때 다른 감각들도 함께 반응을 한다는 것입니다. 예를 들어, 우리가 맛있는 빵 냄새를 맡았을 때 입안에 군침이 도는데 이것은 냄새를 맡고 뇌가 침샘을 자극하여 생기는 현상입니다.

우리의 코는 다른 감각보다 예민하여서 약 1만 가지의 냄새를 감지할 수 있다고 합니다. 하지만 예민한 만큼 쉽게 지치기 때문에 같은 냄새를 계속 맡고 있으면 금방 그 냄새를 느끼지 못하게 됩니다. 우리가 자신의 몸 또는 옷에서 나는 냄새를 잘 느끼지 못하는 이유도 그 때문입니다.

제2장 **우리 몸에 관한 지식** 75

왜 근시가 될까요?

우리 몸이 천 냥이라면 눈이 구백 냥이라는 말이 있습니다. 그만큼 눈의 소중함을 일깨워 주는 말입니다. 우리는 눈을 통해 사물을 보고, 크기와 종류 및 색깔을 구별합니다.

우리가 눈으로 물체를 볼 수 있는 것은, 눈으로 들어온 빛이 눈 표면의 각막과 수정체에서 꺾여 유리체를 지나 가장 깊숙한 곳에 있는 망막에서 초점을 맞춘 다음, 이 정보를 시각 신경이 뇌에 전달하게 됨으로써 보이게 되는 것입니다.

물체의 상이 망막에 맺으면 물체가 잘 보입니다. 그런데 망막보다 앞이

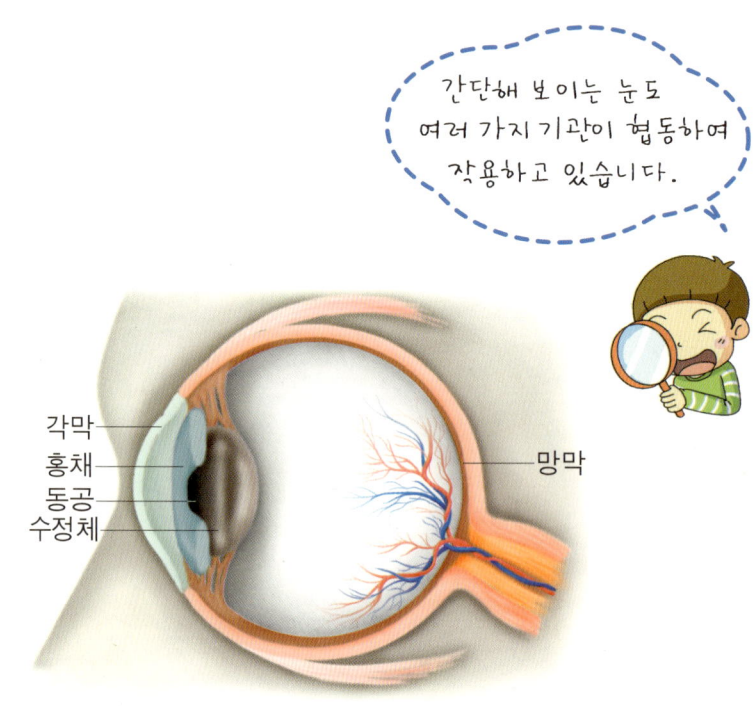

눈의 구조

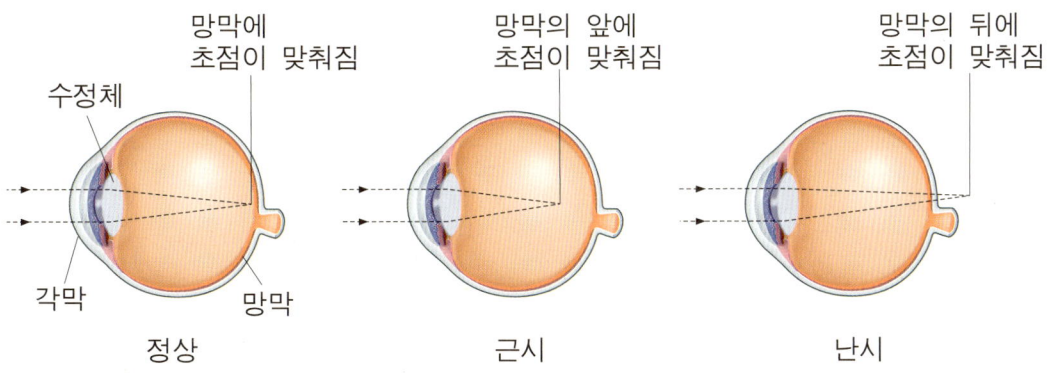

나 뒤에 맺으면 물체가 잘 보이지 않게 됩니다.

이때 망막의 앞에 상이 맺히는 것을 근시, 망막의 뒤에 상이 맺히는 것을 원시라고 합니다.

근시는 가까운 곳의 물체는 잘 보이지만 먼 곳의 물체가 희미하게 보이며, 원시는 먼 곳의 물체는 잘 보이지만 가까운 곳의 물체가 희미하고 부예집니다.

요즘 들어 초등학생 중에도 근시가 있는 학생이 부쩍 많아졌습니다. 원인은 TV 시청, 컴퓨터 게임 및 작업, 스마트폰 등을 보면서 눈을 너무 가깝게 대기 때문이라는 주장과 유전에 의하여 발생한다는 주장이 있는데, 모두 가능성이 있습니다.

근시를 예방하려면 일상생활에서 컴퓨터나 스마트폰 등의 화면을 너무 가까이서 오랫동안 보지 않아야 합니다. 또, 밖에 나가 쉬면서 먼 곳을 바라보기도 하고, 하늘을 쳐다보기도 하면서 눈의 피로를 푸는 것이 좋습니다.

초등학교 입학 전에 검진을 받은 이후 청소년기까지는 시력 변화가 심하므로 이 기간에 6개월에 한 번씩 정기적인 시력 검사를 받는 것도 좋습니다.

우리 몸의 때는 어떻게 해서 생길까요?

피부는 우리 몸의 가장 바깥쪽에 있는 부분, 즉 우리의 몸을 감싸고 있는 부분입니다.

피부는 외부의 해로운 환경으로부터 몸을 보호해 주며, 더울 때에는 땀을 내어 몸을 식혀 주고, 추울 때에는 땀구멍을 닫아 열이 밖으로 빠져나가는 것을 막아 줍니다. 또, 차가움·뜨거움·가려움·아픔 등의 감각을 느끼게 해 주는 등 많은 일을 하고 있습니다.

피부를 자세히 들여다보면 표피층과 진피층, 그리고 지방층의 세 개의 층으로 이루어져 있습니다.

이 중 표피의 맨 바깥에는 각질층이 있습니다. 표피는 대부분 각질을 만드는 세포로 이루어져 있는데, 표피 아래에서 만들어진 세포는 시간이 지나

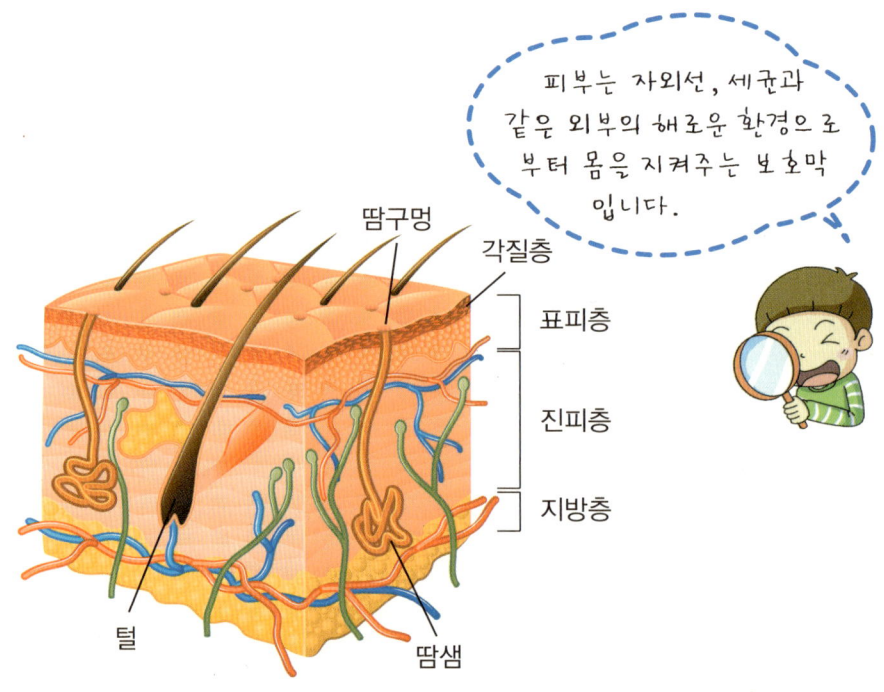

면 점차 밖으로 밀려나오면서 생명을 다하고 각질층을 이루게 됩니다.
 죽은 세포들로 이루어진 각질층은 새로운 세포가 만들어져서 올라오면 결국 피부에서 떨어져 나가게 됩니다. 우리 몸의 때는 이러한 각질층과 먼지가 땀, 지방 등과 섞여서 생기는 것입니다.

 **사람의 피부색은 어째서 서로 다를까요?**

 사람의 피부색은 까만 피부, 하얀 피부, 갈색 피부 등 인종에 따라 서로 다릅니다. 이렇게 피부색이 다른 이유는 멜라닌이라는 색소 때문입니다. 표피층 아래에는 멜라닌 세포가 있는데 여기서 멜라닌을 만들어 냅니다. 멜라닌은 갈색 또는 흑색이어서 멜라닌의 양에 따라 피부색이 달라지는 것입니다.
 멜라닌은 태양 광선으로부터 나오는 자외선이 우리 몸에 들어오는 것을 막아주는 역할을 합니다. 따라서 강한 햇볕을 쬐면 우리 피부는 멜라닌을 많이 만들고 이 때문에 피부색이 짙어집니다.

비만은 왜 건강에 해로울까요?

비만이란 우리가 소비하는 에너지보다 많은 영양분을 섭취하여 몸에 지방이 정상 범위보다 많게 쌓인 것을 말합니다.

우리 몸은 필요한 양보다 많은 영양분을 섭취하면 남은 영양분을 지방의 형태로 몸속에 저장을 합니다. 즉, 과식과 운동 부족 같은 생활 습관이 비만을 일으키는 원인이 됩니다.

대부분의 비만이 열량이 높은 음식은 많이 먹지만 소비하는 에너지는 적은 상태가 지속되면서 나타나지만, 드물게 체질, 질병, 약물의 부작용 등의 원인으로 나타나기도 합니다.

몸에 지방이 많이 쌓이면 움직이는 것을 귀찮아하기 때문에 비만의 정도는 더 심해지는 악순환이 반복됩니다. 또, 호르몬 분비에 변화를 주어 성조숙증과 같은 성장 장애가 올 수 있습니다.

물만 마셔도 살이 찔까요?

　물만 마셔도 살이 찐다는 친구들이 있습니다. 정말 물만 마시는 데도 살이 찔까요? 다들 알겠지만 물 자체에는 에너지가 없습니다. 따라서 물만 마셔서는 살이 찌지 않습니다.
　간혹 체질적인 영향으로 같은 양의 음식을 먹어도 남들보다 살이 찌는 경우가 있습니다. 이때 남들보다 많이 먹지 않는 데도 살이 쪄서 물만 마셔도 살이 찐다고 말을 하는 것 같습니다.

　청소년기의 비만이 계속되어 어른이 되면 고혈압, 당뇨병, 심장병 등의 성인병에 걸리기도 쉽습니다.
　간혹 살이 쪄서 고민하는 학생들 중에는 무조건 굶어서 살을 빼려고 하는 경우가 있습니다. 하지만 이것은 잘못된 방법입니다. 청소년기는 키와 몸이 부쩍 성장하는 시기이므로 균형 잡힌 식사가 중요합니다.
　무리한 다이어트보다는 열량이 적으면서 포만감을 주는 저지방 고섬유소 식품을 섭취하고, 햄버거, 치킨 등의 즉석식품을 멀리하며, 규칙적인 식사를 해야 합니다.
　또한, 식사는 천천히 해야 하고 짜지 않게 먹어야 합니다. 식사를 빨리 할 경우 배부름을 느끼기 전부터 과식 상태가 되며, 짠 음식을 먹을 경우 물과 밥을 더욱 많이 먹게 됩니다.
　그리고 규칙적인 운동으로 에너지 소모를 증가시켜 체중을 줄이는 생활을 습관화해야 합니다.

 ## 왜 잠을 자야 할까요?

사람은 한평생의 3분의 1 정도를 잠을 자며 보냅니다. 잠자는 시간은 개인마다 그리고 나이에 따라 다르지만 평균적으로 어린이는 9~10시간, 어른은 7~8시간 정도를 잡니다.

하지만 잠자는 시간보다는 얼마나 깊게 잠이 드는지가 더 중요하다고 할 수 있습니다. 잠을 자고 아침에 일어났을 때 피곤하지 않고 낮 동안 졸리지 않게 생활할 수 있는 정도로 자는 것이 개인에게 필요한 잠의 양입니다.

그렇다면 왜 잠을 자야 할까요? 가장 큰 이유는 피로 회복 때문입니다. 낮 동안 활동하면서 쌓였던 피로 물질을 자는 동안 씻어내어 체력을 회복하는 것입니다. 또, 낮 동안에 일어난 기억을 정리하여 불필요한 정보는 지

영희가 잠들었다. 어서 성장 호르몬을 만들자.

우고, 필요한 정보만 기억하게 하여 다음날 효율적인 활동을 할 수 있게 해 줍니다.

특히 성장기 어린이는 밤에 잠을 푹 자야 합니다.

성장 호르몬은 밤에 잠을 잘 때 많이 나오기 때문에 밤에 잠을 자지 않으면 성장에도 지장을 줍니다.

만약 잠을 자지 않으면 어떻게 될까요? 우선 정신이 멍해져서 집중이 되지를 않습니다. 기억력도 떨어지고 판단력도 흐려져서 제대로 생각을 할 수 없게 됩니다. 몸에는 피로가 쌓여 힘이 생기지 않고, 몸이 잠을 원하기 때문에 자지 못하게 되면 짜증이 심해지게 됩니다.

잠을 자는 것이 아무것도 하지 않아 시간을 낭비하는 것 같지만 사실은 건강한 생활을 위해 꼭 필요한 행위인 것입니다. 매일 규칙적으로 푹 자도록 하여 건강한 정신 및 건강한 육체를 키웁시다.

왜 자는 동안에 눈동자가 움직일까요?

우리가 자는 모습을 들여다보면 분명 자고 있는 데도 눈동자가 빠르게 움직일 때가 있습니다.

우리가 잠을 잘 때에는 렘(REM)수면과 비렘(non-REM)수면의 상태를 반복하게 됩니다. 렘수면을 하는 동안에는 몸은 쉬고 있지만 뇌는 활동한다고 합니다. 즉, 렘수면은 잠을 자고 있는 듯이 보이나 뇌의 활동은 깨어 있을 때와 가까운 얕은 수면이며, 보통 눈동자가 신속하게 움직이고 선명한 꿈을 꾸는 경우가 많습니다.

비렘수면은 푹 잠이 드는 상태이며, 꿈을 꾸더라도 거의 기억하지 못합니다.

예방 접종이란 무엇인가요?

　주사 맞기 좋아하는 사람은 없을 것입니다. 아기 때에는 주사기만 보아도 울음을 터트릴 만큼 주사 맞기를 무섭게 여기기도 합니다. 사실은 주사를 안 맞으면 더 무서운 일이 생기는 데 말이죠.

　우리 주위에는 우리의 건강을 위협하는 많은 병원체가 있습니다. 특히 콜레라, 뇌염, 장티푸스 등과 같은 전염병은 빠른 시간에 널리 퍼지고, 한 번 걸리면 죽을 수도 있는 무서운 질병입니다.

　이러한 전염병에 걸리지 않으려면 우리 몸 안에 병원체가 침입해도 이를 무찌를 수 있는 항체를 만들어야 합니다. 이렇게 항체를 만들기 위해 백신을 우리 몸에 주사하는 것을 예방 접종이라고 합니다.

　백신은 병원체를 약하게 만든 것이므로 몸속에 주사해도 질병에 걸리지 않고, 항체가 생기게 되어 면역력을 갖게 되는 것입니다.

　예방 접종은 효과가 큰 것도 있고, 작은 것도 있습니다. 따라서 예방 접종을 하였다고 해서 그 질병이 완전히 예방되는 것은 아니므로 적당한 시기에 추가 접종을 하는 등 적절하게 대처해야 합니다.

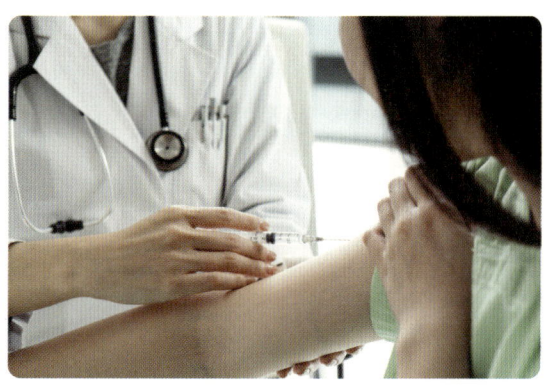

예방 접종

 병원체를 무찌르는 세포, 백혈구

백혈구는 혈액 속에 있는 세포 중 하나입니다. 우리 몸에 병원체가 침입하면 우리 몸에서는 백혈구가 출동하여 병원체를 무찌릅니다. 또, 한 번 싸운 병원체에 대한 정보를 기억하고 있어서 다음에 또 같은 병원체를 만나면 금세 무찌르므로, 같은 병에 두 번 걸리지 않게 됩니다.

우리가 예방 접종을 하는 이유도 백혈구에게 병원체에 대한 정보를 주어 쉽게 무찌르게 하기 위해서입니다.

왜 감기에 걸릴까요?

여러분 중 지금까지 감기에 한 번도 안 걸린 사람이 있나요? 아마 한 명도 없을 것입니다. 그만큼 감기는 우리에게 흔한 질병입니다.

감기에는 왜 걸리는 걸까요? 감기는 주로 계절이 바뀌는 환절기에 걸리는데, 이때는 공기가 건조하고, 일교차가 심해 우리 몸의 면역 체계가 외부의 환경 변화에 적절하게 대응하지 못하여 걸리게 됩니다.

감기의 원인은 바이러스입니다. 바이러스는 전자 현미경을 사용하지 않으면 볼 수 없을 만큼 작고, 공기 중에 떠 있다가 우리가 숨을 쉴 때 코와 입을 통해서 우리 몸속으로 들어오거나 손에 붙은 것이 입을 통해서 들어오기도 합니다.

바이러스가 우리 몸속으로 들어오면 코나 목의 세포를 파괴하여 기침, 콧물, 코 막힘, 목 아픔 등의 증상을 일으킵니다. 또, 머리가 아프고, 열이 나기도 합니다.

기침　　인후통　　콧물　　두통　　발열

감기의 증상

감기에는 특효약이 없고 약을 복용하더라도 증상이나 통증을 완화해 줄 뿐입니다. 또, 감기를 그대로 방치하면 폐렴과 같은 더욱 심각한 합병증을 유발할 수 있습니다.

감기는 주로 손과 호흡기를 통해 걸리므로 이를 예방하려면 손을 자주 씻고, 양치질도 잘 해야 합니다. 또, 잠을 충분히 자 피곤하지 않도록 해야 하며, 과일·채소 등 제철 음식을 섭취하여 우리 몸에 영양분을 충분히 공급해 주어야 합니다. 아울러 실내에 적당한 온도와 습도를 유지해 주어야 합니다.

평소에 건강한 생활을 하면 바이러스가 들어와도 자기도 모르는 사이에 자기 몸이 바이러스와 싸워 물리쳐 줍니다.

감기가 심해지면 독감이 되나요?

감기와 독감은 증상이 비슷해 감기가 심해지면 독감이 된다고 생각하기 쉽지만, 사실 감기와 독감은 다른 질병입니다.

감기는 리노바이러스, 코로나바이러스 등 바이러스에 의한 질병이고, 독감은 인플루엔자 바이러스에 의한 질병입니다. 증상도 감기보다 심한 편이며, 고열, 근육통, 소화 불량 등을 동반합니다.

감기의 바이러스는 너무 종류가 다양하기 때문에 이를 예방할 수 있는 백신을 만들 수 없습니다. 하지만 독감은 백신이 있으므로 예방 주사를 맞으면 이를 예방할 수 있습니다.

3장

생활 주변에 관한 지식

어떻게 리모컨으로 텔레비전을 켤 수 있을까요?

우리의 일상을 편리하게 해 주는 발명품 중의 하나가 리모컨입니다. 우리는 리모컨을 사용하여 멀리 떨어진 곳에서도 텔레비전을 켰다 껐다 할 수 있고, 에어컨이나 오디오 등의 전기 제품도 조작할 수 있습니다. 어떻게 리모컨으로 먼 곳에 있는 전기 제품들을 조작할 수 있을까요?

결론부터 말하면 리모컨이 내쏘는 적외선이라는 빛이 보내는 무선 신호 때문이라고 말할 수 있습니다.

우리가 물체를 볼 수 있는 것은 빛이 있기 때문입니다. 그런데 빛에는 우리 눈으로 볼 수 없는 것도 있습니다. 그중 하나가 적외선인데, 가시광선인 빨강(적색)의 바깥쪽에 있어서 붙여진 이름입니다. 이와 함께 보라색의 바깥쪽에는 역시 눈에 보이지 않는 자외선이 있습니다.

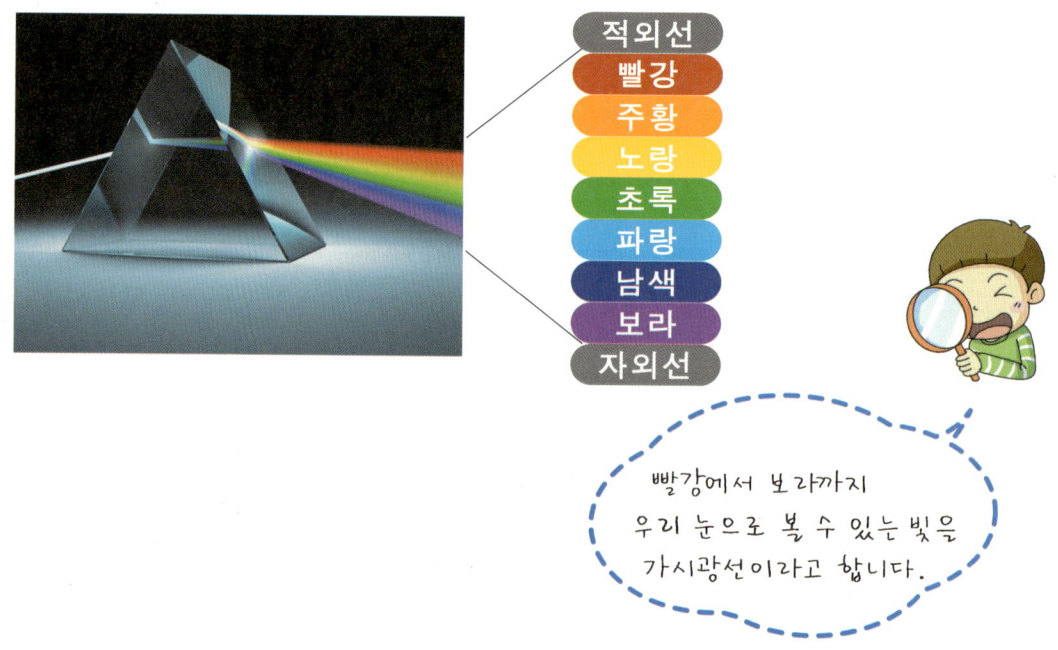

빨강에서 보라까지 우리 눈으로 볼 수 있는 빛을 가시광선이라고 합니다.

우리가 리모컨의 버튼을 누르면 리모컨에서 적외선 신호가 나가고, 텔레비전은 이 신호를 받아 해당하는 명령을 수행하는 것입니다.

 **적외선을 볼 수는 없을까요?**

적외선은 우리 눈에는 보이지 않기 때문에 우리가 리모컨 버튼을 눌렀을 때 실제로 적외선이 나오는지 확인할 수 없습니다. 리모컨에서 적외선이 나오는지 눈으로 확인할 수는 없을까요?

디지털 카메라를 이용하면 적외선이 나오는지를 확인할 수 있습니다. 리모컨을 카메라로 향하게 하여 버튼을 누르고 카메라의 액정 화면을 통해 보면 직접 눈으로 볼 때와는 달리 리모컨 앞부분에서 불빛이 깜빡이는 것을 볼 수 있습니다. 이렇게 디지털 카메라로 적외선을 볼 수 있는 이유는 디지털 카메라가 감지하는 빛의 영역이 사람의 눈과 약간 다르기 때문입니다.

휴대 전화는 어떻게 목소리를 전달할까요?

가까이 있는 친구와 이야기를 할 때 우리 목소리는 공기의 진동을 통해 친구에게 전달이 됩니다. 하지만 조금 멀리 떨어져 있으면 소리가 잘 전달되지 않고, 아주 멀리 떨어져 있으면 전혀 들리지 않게 됩니다.

하지만 걱정할 것은 없습니다. 바로 휴대 전화가 있으니까요.

휴대 전화는 어떻게 우리의 목소리를 상대방에게 전달할까요?

소리가 공기의 진동으로 전달된다면, 휴대 전화는 전파를 이용하여 소리를 전달하게 됩니다. 우리 목소리가 전파로 바뀌어 전달되는 것입니다. 전파는 전자기파의 진동으로 눈에 보이지는 않지만 공기 중에 전달이 됩니다.

그러나 휴대 전화끼리 직접 전파를 주고받는 것은 아닙니다. 발신된 전파는 일단 가까이에 있는 이동 전화 기지국으로 보내집니다.

이동 전화 기지국에 도착한 전파는 전화선을 통해 교환국을 거쳐 가정에 있는 유선 전화로 전송되거나 상대방이 있는 이동 전화 기지국으로 보내져 다시 전파로 변하여 휴대 전화로 보내집니다.

그런데 우리는 항상 움직이고 있는데, 이동 전화 기지국에서는 어떻게 우리가 있는 위치를 알고 있는 것일까요?

우리가 휴대 전화를 켜 놓으면 자동적으로 휴대 전화에서 고유 번호를 전파로 방출합니다. 이동 전화 기지국에서 이 전파를 받아 우리의 위치를 알게 되는 것입니다.

또, 우리가 차를 타거나 하여 빠르게 이동하면서 통화를 해도 통화가 끊어지지 않는 이유는 무엇일까요?

이동 전화 기지국은 일정 지역마다 겹치듯이 많이 설치되어 있습니다. 우리가 이동하여 현재 연결되어 있는 기지국의 신호가 약해지면, 자동으로 신호가 센 가장 가까운 지역의 기지국을 찾아서 바꾸어 줍니다. 기지국이 바뀌는 시간이 아주 짧기 때문에 우리가 통화를 하면서도 변화를 느낄 수 없는 것입니다.

 전자레인지는 어떻게 음식물을 데울 수 있을까요?

따뜻한 우유가 마시고 싶을 때 차가워진 우유를 전자레인지에 넣고 1분 정도만 돌리면 따뜻하게 데워진 우유를 마실 수 있습니다.

전자레인지는 이처럼 찬 음식물을 빠른 시간 내에 데울 수 있는 편리한 가전제품입니다. 전기난로처럼 전열선이 있는 것도 아니고, 가스레인지처럼 불을 피우는 것도 아닌데, 어떻게 음식물을 데울 수 있을까요?

전자레인지는 불 대신에 마이크로파라는 전파를 이용하여 음식물을 데웁

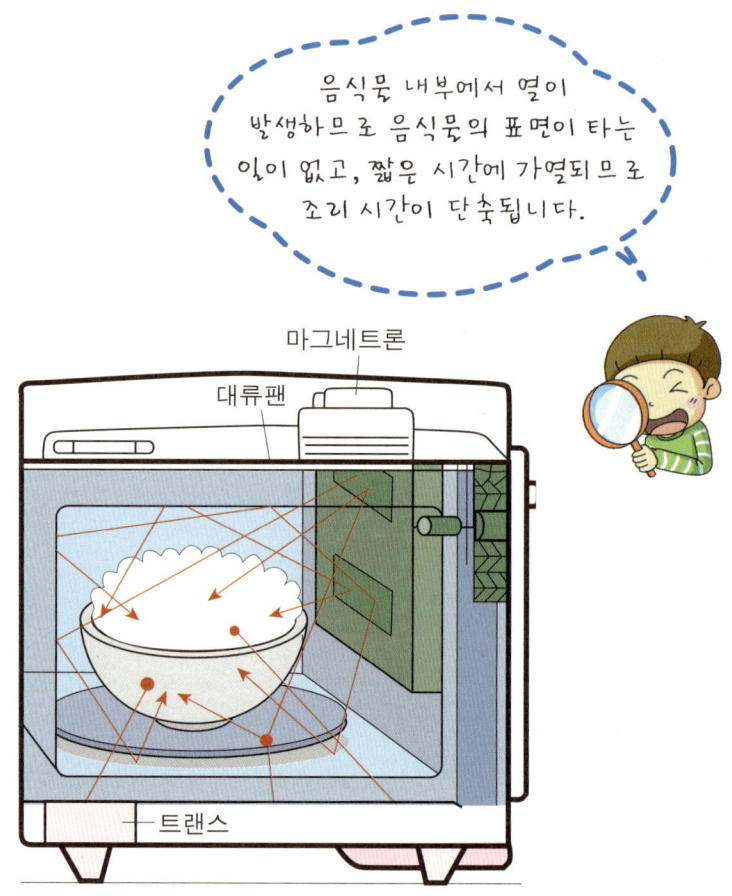

니다. 전자레인지 안에는 마그네트론이라는 장치가 있는데, 여기에서 마이크로파가 발생됩니다.

이 전파가 음식물에 닿으면 음식물 속에 있는 물 분자가 진동을 하는데, 물 분자끼리 서로 마찰하여 마찰열이 생겨서 데워지는 것입니다.

전자레인지의 안벽은 금속으로 되어 있으므로 마이크로파가 부딪혀도 튀어 돌아와서 여러 각도에서 식품에 도달하여 데우도록 되어 있습니다. 전자레인지의 문에는 스크린 가드를 깔아 마이크로파가 밖으로 나오지 않도록 되어 있습니다.

전자레인지로 음식물을 조리할 때는 도자기나 유리 등 마이크로파를 통과시킬 수 있는 용기에 담아야 합니다. 음식물을 금속 용기에 넣거나 알루미늄 포일로 싸면 전자파가 반사되어 음식물을 전혀 가열시키지 못하고, 불꽃이 튈 수 있으므로 사용해서는 안 됩니다.

 **계란을 전자레인지에 넣으면 어떻게 될까요?**

전자레인지는 음식물 내의 수분을 진동시켜 가열을 합니다. 그런데 계란과 같이 껍질로 싸여 가열된 수분이 빠져나갈 공간이 없으면 내부의 압력이 높아져 결국에는 폭발하고 맙니다. 또, 계란 프라이를 할 때에도 젓가락으로 노른자를 쿡쿡 찔러 주어야 합니다. 안 그러면 표면에 막이 있어 터지게 됩니다.

마찬가지로 국을 데우기 위해 밀폐 용기에 담거나 병 음료를 뚜껑을 따지 않고 그대로 전자레인지에 넣고 돌리면 폭발할 위험이 있으므로 주의해야 합니다.

어떻게 바코드로 물건 값을 알 수 있을까요?

우리가 편의점에 가서 물건을 사면 계산대에 있는 점원이 가지고 있는 기계를 물건에 갖다 대거나 기계 위로 물건을 통과시켜 물건의 가격을 알아냅니다.

어떻게 그렇게 간단히 가격을 알 수 있을까요? 바로 물건에 바코드가 부착되어 있기 때문입니다.

바코드는 검은색 바와 흰색 바로 구성되고, 각각 그 굵기와 정렬된 모양이 다릅니다.

점원이 바코드에 바코드 리더기를 갖다 대어 빛을 쬐면 검은색 바는 약하게 반사되고 흰색 바는 강하게 반사됩니다. 이 반사의 강약이 1과 0으로 바뀌어 컴퓨터에 전달되고 컴퓨터는 신호를 받아 해당 상품의 물건 값을 전송해 주는 것입니다.

바코드를 이용하면 상품명이나 가격을 알기도 하고, 매입량, 판매량, 재

고량 등을 알 수도 있습니다. 또한, 바코드는 도서관의 도서 관리 등 여러 가지 용도로 사용할 수 있으며, 종이 외에도 다양한 재질에 인쇄할 수 있습니다.

2차원 바코드 - QR코드

대부분의 사람이 스마트폰을 가지면서 길거리의 광고판이나 명함 등에 QR코드를 인쇄하는 경우가 많아졌습니다.

QR코드는 '빠르게(quick)' '응답(response)' 하는 코드란 의미로 수직-수평의 2방향으로 데이터를 포함하고 있어서 기존의 바코드보다 더욱 많은 정보를 담을 수 있습니다. 특히, QR코드에 인터넷 주소를 담으면 스마트폰으로 쉽게 홈페이지에 접속할 수 있어 기업, 기관 등의 중요한 홍보, 마케팅 수단으로도 이용할 수 있습니다.

제3장 생활 주변에 관한 지식

자동차의 내비게이션은 어떻게 길을 안내해 줄까요?

　예전에는 차를 타고 갈 때 목적지를 모르면 지도를 꺼내 보고 찾아가고는 했습니다. 그래서 차안에 지도 책 한 권씩은 꼭 비치해 두기도 했습니다.

　하지만 지금은 그럴 필요가 없습니다. 바로 내비게이션이 있기 때문입니다. 출발하기 전에 목적지를 내비게이션에 입력하면 가는 동안 내비게이션이 지도에 목적지까지의 길 순서를 표시해 줍니다. 길 순서뿐만 아니라 달리는 도중 목소리로도 방향과 장애물, 세세한 주의 사항까지를 가르쳐 줍니다.

　어떻게 내비게이션은 달리고 있는 자동차의 현재 위치를 파악해서 알려 줄 수가 있을까요?

　그것은 인공위성(GPS 위성)에서 나오는 전파를 받아 현재의 위치를 측정하기 때문입니다.

GPS는 global positioning system의 머리글자로 지구 위치 측정 시스템, 즉 지구상의 모든 물체의 현 위치를 측정할 수 있는 시스템입니다.

　자동차의 내비게이션은 내장된 지도에 GPS 위성에서 보낸 신호를 받아 현재 위치 정보를 짜 맞추어 넣어 현재 지도의 어느 부분을 달리는지를 표시해 줍니다.

 GPS 위성은 미국에서 쏘아올린 인공위성으로 여러 개가 각각의 궤도로 지구를 돌고 있습니다. GPS 위성은 계속 전파를 발사하여 정확한 시간과 위치 정보를 보냅니다. 내비게이션은 이 전파를 수신함으로써 GPS 위성으로부터의 거리를 계산해 내는 것입니다.

 그러나 GPS 위성 한 개의 발사 신호만으로는 정확한 위치를 알 수가 없습니다. 4개의 GPS 위성에서 신호를 받아야 정확한 위치를 산출해 낼 수 있습니다. 따라서 GPS 위성은 지구 어느 곳에서든 4개의 위성이 보이도록 배치되어 있습니다.

 요즘은 스마트폰이나 휴대 전화에도 GPS 기능이 부착된 것이 많습니다. 이 GPS 기능을 이용하면 깊은 산속에서 조난을 당했을 때 나의 위치를 알려 구조를 받을 수도 있습니다.

 사실 GPS 없이 휴대 전화만으로도 찾고자 하는 사람의 위치를 어느 정도는 알 수 있습니다. 그렇지만 GPS만큼 정확하지는 않습니다.

자기 부상 열차는 어떻게 달릴까요?

지금까지의 열차는 바퀴가 선로 위를 회전함으로써 앞으로 나아가는 방식입니다. 우리나라에서 가장 빠른 KTX열차도 바퀴식 열차입니다. 그런데 앞으로는 바퀴 없이 공중에 떠서 다니는 열차의 시대가 온다고 합니다.

바로 자기 부상 열차입니다. 자기 부상 열차는 말 그대로 자석의 힘으로 선로에서 약간 뜬 상태로 움직이는 열차입니다.

자기 부상 열차는 어떤 원리로 움직일까요? 자기 부상 열차는 선로 위에서 뜰 때 자력을 어떻게 이용하느냐에 따라 반발식과 흡인식으로 나눌 수 있습니다.

자석이 같은 극끼리는 밀어 내고(척력), 다른 극끼리는 당기는(인력) 성질을 갖고 있다는 것은 다 알지요?

반발식은 매우 강한 초전도 전자석을 이용하여 같은 극끼리 밀어내는 척

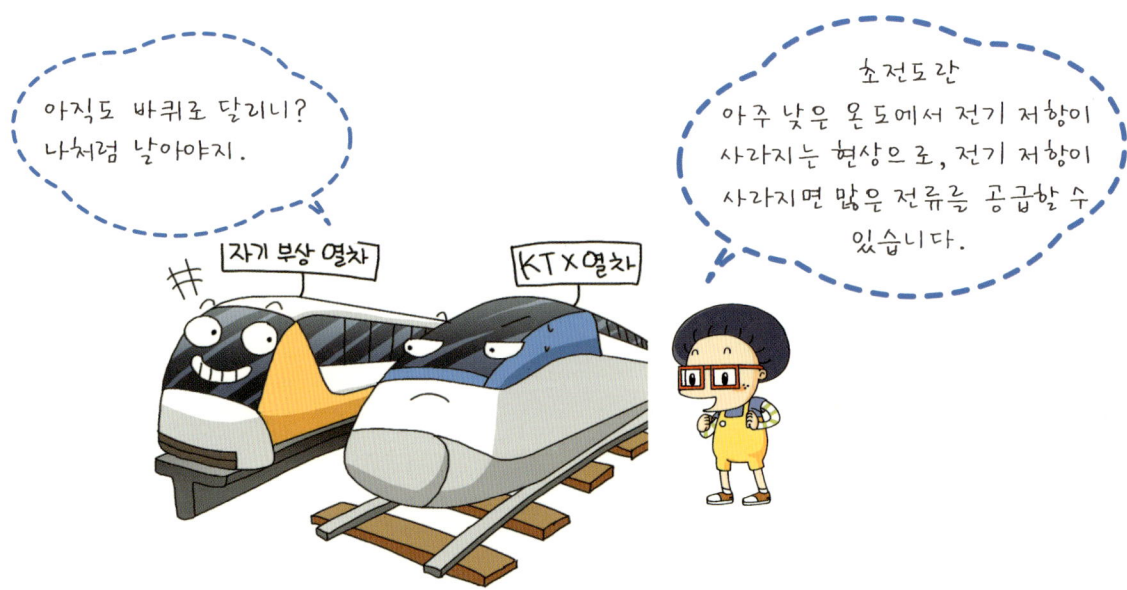

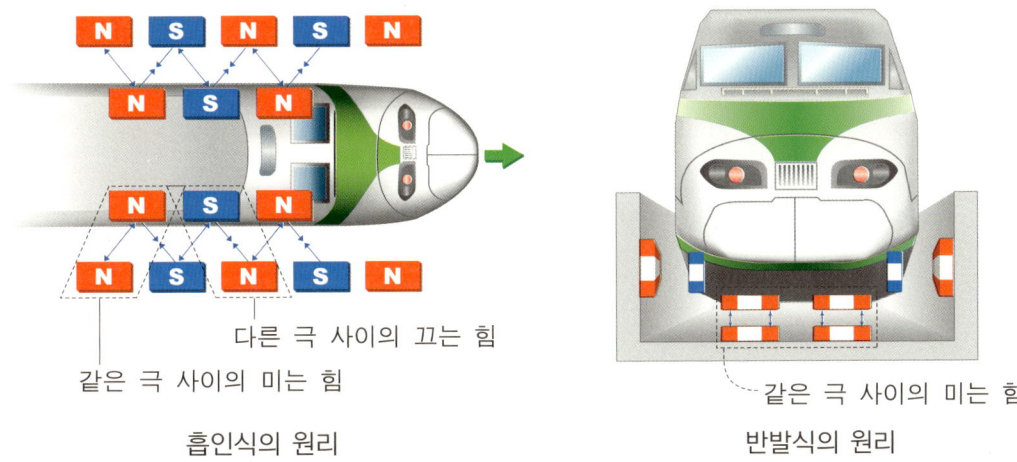

| 흡인식의 원리 | 반발식의 원리 |

력을 이용하여 뜹니다. 흔히 자기 부상 열차는 자석끼리 미는 힘으로 선로 위에 떠 있다고 생각하는데, 이는 반발식에 해당하는 이야기입니다.

흡인식은 다른 극끼리 당기는 인력을 사용하는데, 선로 아래 위치한 열차의 전자석에 전기를 공급하면 선로면과 전자석 간에 인력이 발생하여 열차가 뜨게 됩니다.

열차에는 리니어 모터(선형 전동기)라고 하는 특수한 전동기가 있어 여기에 전류를 공급하면 열차와 레일 사이에 밀고 당기는 힘이 발생하여 열차가 움직이게 됩니다.

자기 부상 열차

제3장 생활 주변에 관한 지식 101

전깃줄에 앉은 참새는 왜 감전되지 않을까요?

전기는 우리 생활에 꼭 필요한 에너지이지만 잘못하면 감전이 될 수 있으므로 조심해서 사용해야 합니다.

우리가 가정에서 사용하는 전기는 220볼트로 위험하기는 하지만 전기 콘센트나 전기 플러그 등 전기를 통하게 하는 장치에 고무로 된 피복이 씌워져 있어 안전하게 사용할 수 있습니다.

하지만 전신주와 같은 고압 전류가 흐르는 전선에는 피복을 씌워도 전류가 피복 밖으로 흐를 수 있기 때문에 위험합니다.

따라서 사람이 고압 전류가 흐르는 전깃줄에 손이 닿거나 쇠막대와 같이 전기가 잘 흐르는 물건으로 전깃줄을 건드리면 감전이 됩니다.

그런데 참새는 전깃줄에 앉아 있어도 감전이 되지 않습니다. 왜 그런 걸까요?

그 이유는 참새가 한 가닥의 전깃줄에만 앉아 있기 때문입니다. 참새의 두 다리가 같은 전선 위에 있으면 발과 발 사이에 전위차가 없어 전류가 흐르지 않습니다. 또, 참새의 저항이 전선의 저항보다 훨씬 커서 전류는 전선을 통해서 흐르게 됩니다.

사람이 감전되는 이유는 발이 땅에 닿아 있기 때문입니다. 이 경우 전선과 땅 사이에 전위차가 크게 생겨 전류가 사람의 몸을 통해 땅으로 흘러가기 때문에 감전이 되는 것입니다.

전류는 어떻게 흐를까요?

전기가 가지고 있는 위치 에너지를 전위라고 하며, 이 위치 에너지의 차이를 전위차 또는 전압이라고 합니다. 전위차에 의해 전자들은 (−)극에서 (+)극으로 이동을 하는데, 이러한 전자들의 흐름을 '전류'라고 합니다.

전자들의 흐름이 전류이므로 전류가 흐르는 방향도 (−)극에서 (+)극이어야 합니다. 하지만 전자들의 존재를 몰랐을 때 과학자들이 전류는 (+)극에서 (−)극으로 흐르는 것으로 정했기 때문에 이를 그대로 사용하여 전류의 방향과 전자의 방향이 반대가 되었답니다.

어떻게 레몬으로 전지를 만들 수 있나요?

레몬은 시큼한 과일로 비타민 C가 풍부하여 주스를 만들어 마시거나 각종 요리에 사용되고 있습니다. 그런데 이 레몬으로 전지를 만들 수 있다는 것을 알고 있나요?

만드는 방법도 아주 간단하답니다. 몇 개의 레몬과 전구, 아연판과 구리판, 그리고 이들을 연결할 집게 전선만 있으면 됩니다.

먼저, 아연판과 구리판 주위를 사포로 문질러 줍니다. 다음으로 레몬을 반으로 잘라 아연판과 구리판을 약간 간격을 두어 서로 닿지 않도록 깊숙이 꽂습니다.

마지막으로 전구, 아연판, 구리판을 집게 전선을 이용하여 연결하면 전구에 불이 들어오게 됩니다.

레몬을 연결하여 전지를 만들 수 있는 이유는 전지의 기본 구조를 보면 알 수 있습니다.

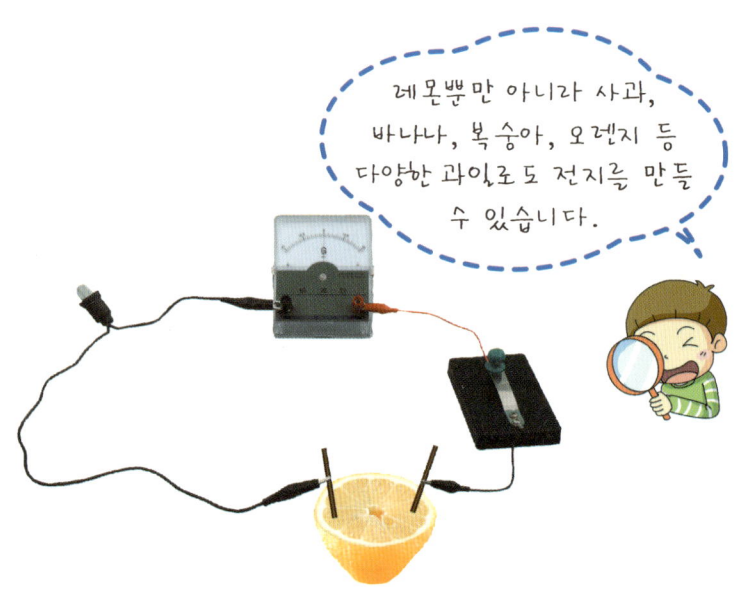

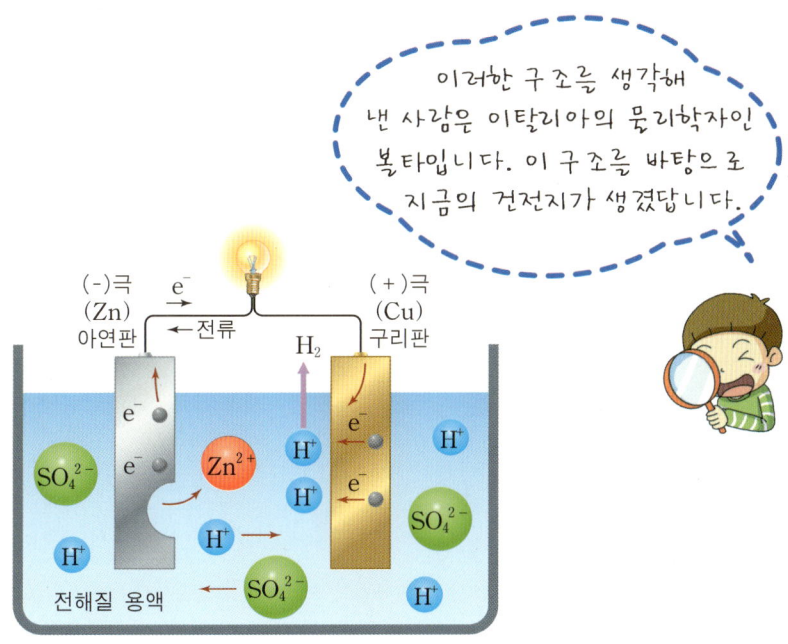

전지는 전해질 용액에 넣은 두 종류의 금속판 사이에 전기가 흐르는 성질을 이용한 것입니다. 전해질이란 특정한 용매에 녹였을 때 전기를 흐르게 하는 물질을 말합니다.

레몬으로 전지를 만들 수 있는 것은 레몬 과즙이 전해질의 역할을 하였기 때문입니다.

1차 전지(건전지)도 충전하여 사용할 수 있나요?

우리가 사용하는 전지에는 스마트폰에 사용하는 전지처럼 계속해서 충전해서 사용하는 2차 전지와 한 번 쓰고 나면 버리는 1차 전지가 있습니다.

2차 전지가 아닌 1차 전지를 충전하면 내용물이 흘러나오거나 잘못하면 폭발할 위험이 있으므로 절대 충전을 해서는 안 됩니다.

 전기는 어떻게 만들어질까요?

전기는 굉장히 유용한 에너지로 우리 생활에 필요한 여러 가지 일을 하고 있습니다. 전기 에너지가 밥솥으로 가면 열을 발생시켜 밥을 하고, 전등으로 가면 빛으로 바뀌어 주위를 환하게 밝혀주며, 세탁기로 가면 힘으로도 바뀌어 빨래를 해 줍니다.

이와 같이 우리에게 꼭 필요한 에너지인 전기는 어떻게 만들까요?

전기를 만드는 원리는 의외로 간단합니다. 전기를 만들기 위해서는 자석과 코일이 필요합니다. 다음 그림과 같이 원형으로 된 코일에 자석을 넣었다 뺐다를 반복하면 자기장이 변화가 생겨 전기가 만들어지게 됩니다. 이러한 현상을 전자기 유도라고 합니다.

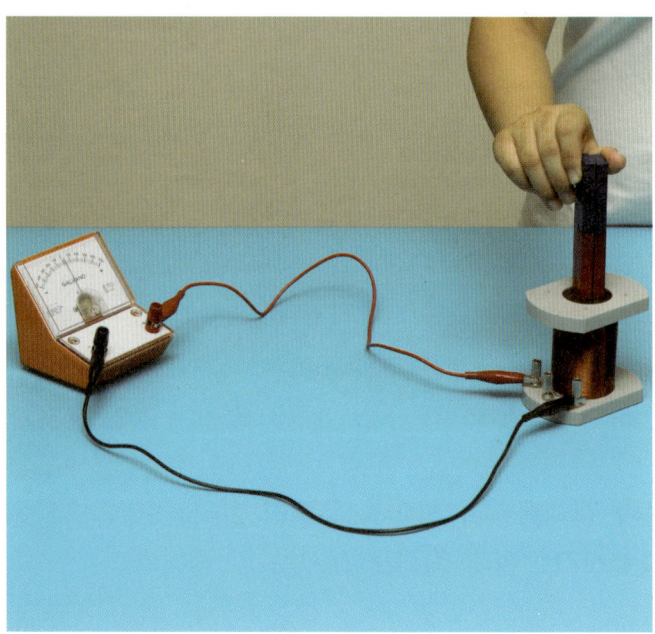

 코일 뭉치 안으로 자석을 넣었다 뺐다 하면 전기가 생기게 됩니다.

마찬가지로 자석을 고정시키고 코일을 회전시켜도 자기장에 변화가 생겨 전기가 흐르게 됩니다. 전기를 만들어 내는 발전기는 이와 같은 원리를 이용하여 만든 것입니다.

전기를 만들기 위해서는 계속해서 발전기를 돌려야 합니다. 이렇게 계속해서 전기를 만들기 위해 건설된 것이 발전소입니다.

우리나라에는 화력 발전소, 수력 발전소, 풍력 발전소, 원자력 발전소 등 전기를 만들어 내는 많은 발전소가 있습니다. 그렇지만 전기를 만들어 내는 원리는 모두 같습니다. 즉, 화력, 수력, 풍력, 원자력 등의 에너지를 이용하여 발전기를 돌려 전기를 만드는 것입니다.

스마트폰 화면은 어떻게 손가락을 인식할까요?

유선 전화로 전화를 걸려면 숫자로 된 버튼을 눌러 상대방 전화번호를 입력합니다. 그런데 스마트폰에는 이렇게 숫자로 된 버튼이 없습니다. 대신 화면에 숫자 버튼이 나타나 손가락으로 화면의 숫자를 눌러 번호를 입력합니다. 또, 손가락만으로 화면 속의 사진 크기를 조절하기도 하고 게임도 합니다.

어떻게 스마트폰의 화면은 손가락을 인식하는 것일까요?

스마트폰의 화면에는 우리가 손이나 특수 장치를 갖다 대면 인식할 수 있는 장치가 설치되어 있습니다. 이렇게 화면에 손가락이나 특수 장치를 갖다 내어 인식할 수 있는 화면을 터치스크린이라고 합니다.

터치스크린에는 여러 종류가 있는데, 대표적인 것으로 감압식 터치스크린과 정전식 터치스크린이 있습니다.

감압식은 화면을 눌러 인식하는 방식입니다. 화면 위에 압력을 감지할 수 있는 투명한 막(전도체)이 2장 겹쳐 있어 우리가 화면을 누르면 2장의 막이 맞닿으면서 눌려진 위치를 감지하여 해당하는 명령을 수행합니다. 누르는 압력을 감지하므로 화면을 누르는 데 손가락뿐만 아니라 아무 펜이나 사용할 수 있습니다.

정전식은 우리 몸의 정전기를 이용한 방식입니다. 화면에 전류가 흐르도록 만들어 손가락을 화면에 대면 화면에 흐르는 전류의 흐름이 변화하고 터치 센서가 이 변화를 감지하여 해당하는 명령을 수행합니다. 따라서 장갑을 낀 채 화면을 건드리거나 일반 펜으로 건드리면 터치 센서가 감지하지를 못합니다.

현재 사용하고 있는 스마트폰은 거의가 정전식을 사용하고 있습니다.

감압식 터치스크린(위), 정전식 터치스크린(아래)

제3장 생활 주변에 관한 지식

물속의 빨대는 왜 꺾여 보일까요?

음료수를 마시다 음료수에 담긴 빨대를 본 적이 있나요? 빨대는 음료수에 담긴 부분이 꺾여 보이고 또, 음료수에 담긴 부분이 더 굵어 보입니다. 뿐만 아니라 빈 컵에 동전을 넣고 물을 부으면 물속에 있는 동전이 떠올라 보입니다.

왜 이런 현상이 생길까요? 그것은 바로 빛이 굴절을 하였기 때문입니다. 빛은 공기에서 물이나 유리 등과 같이 밀도가 서로 다른 매질로 진행하면 두 매질의 경계면에서 빛이 움직이는 속력에 차이가 생겨 약간 꺾이게 됩니

다. 이를 빛의 굴절이라고 합니다.

빛은 매질에 따라 빠르기에 차이가 있습니다. 공기에서보다는 물에서 더 느려지고, 물에서보다는 유리에서 더 느려집니다. 따라서 물보다는 유리에서 더 많이 꺾이게 됩니다.

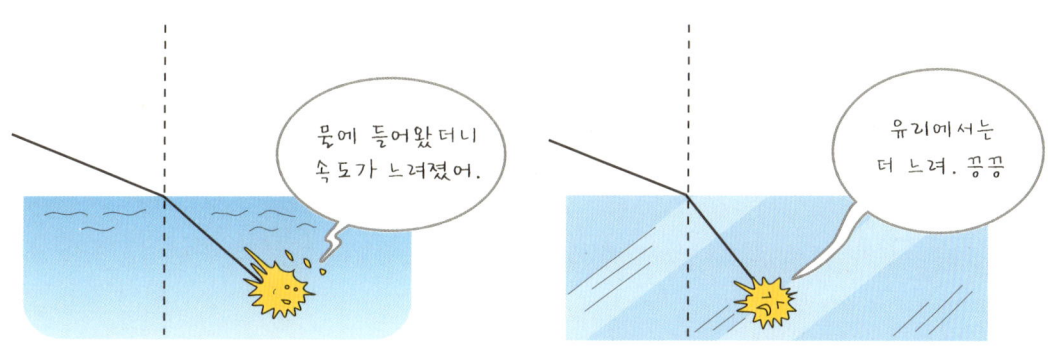

 **아지랑이는 왜 나타날까요?**

주로 봄철 햇볕이 강하게 쬐는 날, 도로 위나 모래사장에 아지랑이가 피어오르는 것을 볼 수 있습니다.

아지랑이는 왜 나타날까요? 지면이 햇볕을 받아 뜨거워지면 지면 가까이에 있는 공기가 더워지고 밀도가 낮아지게 됩니다. 이때 밀도가 낮아진 공기는 위로 올라가고, 위에 있는 차가운 공기는 아래로 내려오게 됩니다. 이렇게 서로 밀도가 다른 공기 사이를 빛이 통과하면서 굴절하기 때문에 경치가 아른아른하게 보이는 아지랑이 현상이 나타나는 것입니다. 이 외에도 빛의 굴절로 인해 나타나는 현상에는 신기루가 있습니다.

곰팡이는 왜 생길까요?

곰팡이는 빛이 들어오지 않는 습한 환경에서 잘 번식하는 몸의 구조가 간단한 하등 균류입니다. 보통 30℃ 내외의 따뜻한 온도에서 잘 번식하지만 냉장고와 같이 낮은 온도에서 번식하는 곰팡이도 있어 냉장고 속 음식을 상하게 하기도 합니다.

단백질이나 탄수화물 등 영양분이 있으면 음식물뿐만 아니라 벽장 속 같은 데에도 생기며, 심지어는 사람의 몸에도 생겨 피부병을 일으키기도 합니다.

이 곰팡이는 어디에서 오고, 어떻게 생기는 것일까요?

빵에 번식한 곰팡이

곰팡이는 그 종류가 몇 만 종에 이릅니다. 포자(홀씨)로 번식하는데, 포자는 눈에 보이지 않을 정도로 아주 작습니다.

포자는 공기 중이나 흙속에 떠돌다가 영양분이 있는 물체에 들러붙으면 가느다란 뿌리와 같은 균사를 뻗어 영양분을 섭취하면서 포자를 불려 점점 불어납니다. 이것을 기생한다고 합니다. 곰팡이는 엽록소가 없어 광합성을 못하기 때문에 이렇게 다른 유기물에서 영양분을 섭취합니다.

곰팡이가 생긴 음식물은 버려야 하지만 어떤 곰팡이는 우리 생활에 도움을 주기도 합니다. 예를 들어, 누룩곰팡이는 술, 된장을 만드는 데 유용하고, 푸른곰팡이는 1928년 스코틀랜드 생물학자 알렉산더 플레밍이 발견한 페니실린이라는 항생 물질을 만드는 데 쓰입니다.

곰팡이는 동물일까요, 식물일까요?

곰팡이는 움직이지 않으니 동물은 아니겠고, 언뜻 보면 식물 같기도 하지만 식물처럼 광합성을 하지 못합니다. 그래서 동물이나 식물이 아닌 균류로 분류합니다. 균류는 광합성을 하지 않는 하등 식물을 통틀어 이르는 말로, 곰팡이 외에도 버섯, 효모 등이 있습니다.

달리는 차 안에서 점프하면 왜 같은 곳에 착지하나요?

KTX열차는 시속 300km 이상으로 달립니다. 이렇게 빠르게 달리는 열차 안에서 점프를 하면 어떻게 될까요?

언뜻 생각하면 우리가 점프를 해서 발이 바닥에서 떨어지고 다시 바닥에 닿을 때까지도 열차는 계속 앞으로 나아가고 있으므로 우리는 점프한 곳보다 뒤쪽에 착지를 해야 할 것 같습니다. 대략 계산해 보면 점프를 해서 다시 착지할 때까지 0.5초 걸리고 열차가 시속 300km의 속력으로 달린다고 가정할 때, 약 40m 뒤쪽에 착지해야 합니다.

그런데 실제로는 점프한 그 자리에 그대로 착지를 하게 됩니다. 왜 그럴까요? 그 이유는 관성 때문입니다.

모든 물체는 그 상태를 계속 유지하려는 성질이 있습니다. 즉, 외부의 힘이 가해지지 않는 이상 움직이지 않는 물체는 움직이지 않은 채로 있고, 움직이는 물체는 계속 움직이려고 합니다. 이것을 관성의 법칙이라고 합니다.

우리가 차를 탔을 때 정지해 있던 차가 갑자기 출발하면 차에 탄 사람은 출발하는 반대 방향으로 기울게 됩니다.

버스가 갑자기 출발할 때

버스가 갑자기 정지할 때

이는 관성에 의해 사람은 계속 정지해 있으려고 하여 차의 운동을 따라가지 못하기 때문입니다. 반대로 움직이던 차가 갑자기 멈추면, 차 안의 사람은 계속 움직이려는 관성 때문에 앞으로 기울게 됩니다.

일정한 속력으로 움직이고 있는 차 안에 있는 사람은 자신이 움직이지 않는 것으로 느끼지만 차 밖의 사람이 차 안의 사람을 보면 차와 같은 속력으로 움직이고 있습니다.

따라서 열차 안에서 점프해도 차와 같이 앞으로 나아가고 있으므로 관성에 의해 원래의 위치에 떨어지는 것입니다.

관성의 법칙

고대의 그리스 철학자인 아리스토텔레스는 물체가 움직이려면 끊임없이 외부에서 힘을 가해야 한다고 했습니다. 예를 들어, 마차가 움직이기 위해서는 말이 계속해서 마차를 끌어야 하는 것처럼 말이죠.

이러한 아리스토텔레스의 생각을 처음으로 반박한 사람은 이탈리아의 물리학자인 갈릴레이입니다.

갈릴레이는 오른쪽 그림과 같이 빗면에서 구슬을 놓았을 때 마찰력이 없다면 구슬은 영원히 굴러갈 거라고 했습니다. 이러한 갈릴레이의 주장이 옳다고 생각한 영국의 물리학자인 뉴턴은 갈릴레이의 주장을 정리하여 발표하였는데 이것이 관성의 법칙입니다.

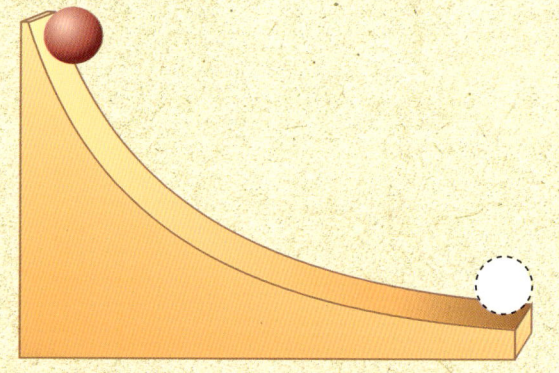

제3장 생활 주변에 관한 지식

얼음은 왜 물에 뜰까요?

 더운 여름, 시원한 얼음물 한 잔은 우리의 더위와 갈증을 날려줍니다. 그런데 잔에 담긴 얼음을 보면 얼음이 물 위에 동동 떠 있는 것을 알 수 있습니다. 그러고 보니 겨울에 호수도 표면부터 얼고 깊은 물속은 얼지 않습니다. 얼음은 물이 얼어서 된 것이고, 또 고체인데 어째서 물에 뜨는 것일까요?

 그 이유는 밀도 차이 때문입니다. 밀도란 단위 부피에 해당하는 질량을 말합니다. 물질의 부피를 $1cm^3$로 하여 잰 질량이 그 물질의 밀도입니다.
 부피가 같은 나무구슬과 쇠구슬이 있을 때 쇠구슬이 훨씬 무겁습니다. 쇠의 밀도가 훨씬 크기 때문입니다. 같은 부피의 물과 비교해 봤을 때 쇠는 물보다 밀도가 크고, 나무는 밀도가 작습니다. 그래서 쇠는 물에 가라앉고 나무는 물에 뜨는 것입니다.

그렇다면 얼음은 어떨까요?

냉장고에 있는 얼음 틀에 물을 붓고 얼음을 만들어 보세요. 처음 부은 물보다 얼음의 부피가 커져 있는 것을 알 수 있습니다.

물의 질량에는 변함이 없는데 얼음이 되면서 부피가 커진 것입니다. 이는 얼음의 밀도가 물보다 작아졌기 때문입니다. 따라서 얼음이 물에 뜨게 되는 것입니다.

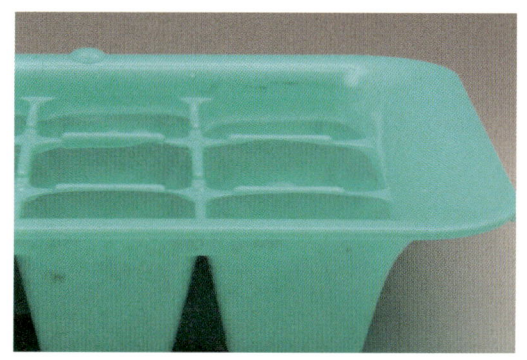 

 ## 호수의 물이 바닥부터 얼지 않는 이유

일반적으로 액체는 온도가 낮을수록 밀도가 커져 바닥으로 가라앉게 됩니다. 그런데 물은 온도가 낮을수록 밀도가 커지다가 4℃보다 낮아지기 시작하면 밀도가 다시 작아지기 시작합니다. 따라서 4℃의 물은 바닥으로 가라앉고 4℃보다 낮을수록 수면에 가까이 위치하게 됩니다. 그리고 기온이 더 떨어지면 수면부터 얼기 시작합니다.

 어떻게 병따개로 병뚜껑을 쉽게 딸 수 있을까요?

사이다와 콜라 같은 음료는 탄산이 새어나가지 않게 하기 위해 병뚜껑으로 단단히 막습니다. 하지만 이렇게 단단히 막은 병뚜껑도 병따개만 있으면 쉽게 딸 수 있습니다.

어떻게 병따개로 병뚜껑을 쉽게 딸 수 있을까요? 여기에는 지레의 원리가 숨어 있습니다.

지레란 무거운 물체를 움직이는 데 쓰는 막대를 말합니다. 막대의 한 쪽에 물건을 올려놓고(작용점), 다른 쪽에서 힘을 가해(힘점) 물건을 움직입니다. 이때 힘을 제대로 전달하기 위해 물체를 받쳐 고정하는 지렛목(받침점)이 있어야 합니다.

지레는 받침점과 힘점 사이의 거리가 받침점과 작용점 사이의 거리보다 길어야 작은 힘으로도 무거운 물체를 움직일 수 있습니다. 위의 그림에서

힘점이 뒤에 위치할수록 작용점에 더 큰 힘이 가해지므로 뒤로 이동하면 수평을 이룰 수 있게 됩니다.

병따개로 병뚜껑을 쉽게 딸 수 있는 것도 받침점과 힘점 사이의 거리가 받침점과 작용점 사이의 거리보다 길어 힘들이지 않고 쉽게 딸 수 있는 것입니다.

이러한 지레의 원리를 이용한 도구는 가위, 시소, 스테이플러, 손톱깎이, 집게, 도르래 등 우리 주변에 많이 있습니다.

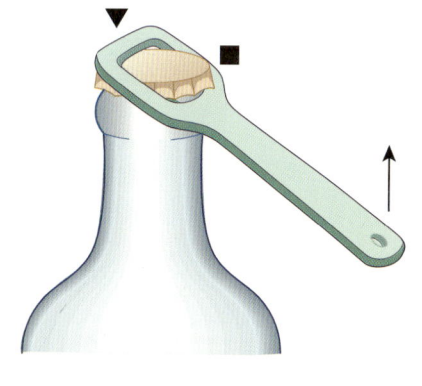

▲ 받침점   ■ 작용점   → 힘점

제3장 생활 주변에 관한 지식

4장
지구·기상, 우주의 신비

 태양은 언제까지 빛을 낼까요?

우주에는 수많은 천체가 있습니다. 천체 중에는 스스로 빛을 내는 천체와 그 천체에게 비추어져 빛을 내는 천체가 있습니다. 태양은 우리 태양계에서 스스로 빛과 열을 만들어 내는 유일한 천체입니다. 이처럼 스스로 빛을 내는 천체를 항성이라고 합니다.

그리고 지구처럼 스스로 빛을 내지 못하고 항성의 주위를 도는 천체를 행성이라고 하고, 달과 같이 행성의 주위를 도는 천체를 위성이라고 합니다. 밤하늘에 빛나는 별들의 대부분은 스스로 빛을 내는 항성들입니다.

태양은 지구처럼 딱딱한 지면이 없는 거대한 가스 덩어리입니다. 그 부피가 지구의 130만 배나 된다고 합니다. 수명은 1백억 년 정도라고 하며, 앞으로 50억 년 정도가 남았다고 합니다.

공기가 없는 우주에서 태양이 불꽃을 내며 빛나는 이유는 무엇일까요? 흔히 태양이 불타고 있다고들 하는데, 실은 불타고 있는 것이 아닙니다.

태양은 수소와 헬륨이라는 가스로 된 천체로 그 중심은 수소로 가득 차 있기 때문에 수소의 한가운데에 있는 원자핵 부분이 부딪혀 헬륨 원자핵으로 바뀌는 현상이 발생하고 있습니다. 이것을 수소의 핵융합 반응이라고 하는데, 이때 굉장한 빛과 열이 생기는 것입니다.

제4장 지구·기상, 우주의 신비

우주는 어떻게 생겨났을까요?

끝없이 넓은 우주는 항상 우리들의 호기심의 대상이 됩니다. 우주에 관한 궁금증 가운데 하나가 우주와 우주에 있는 수많은 행성과 은하들은 어떻게 만들어진 것일까 하는 것입니다.

우주가 어떻게 만들어졌는지를 확실하게 아는 사람은 없을 것입니다. 그러나 어느 정도 설명을 해 줄 수 있는 이론들이 있는데, 그중 하나가 바로 '빅뱅 이론' 입니다.

빅뱅이란 우주 생성 때의 대폭발을 말합니다. 과학자들은 우주를 관측한 결과 우주가 팽창하고 있다는 사실을 알게 되었습니다. 우주가 팽창하고 있다는 것은 바꾸어 말하면 먼 과거에는 우주의 팽창이 시작된 시점이 있었다는 뜻입니다. 커다란 나무도 작은 씨앗에서 시작한 것처럼 말이죠.

빅뱅 이론에 의하면 태초에는 시간도 공간도 없었는데, 약 137억 년 전 대폭발이 일어나 우주가 탄생을 하였습니다. 이후 시간이 지나면서 우주는 서서히 팽창하면서 점차로 냉각되어 별이나 은하가 만들어졌다고 추측하고 있습니다.

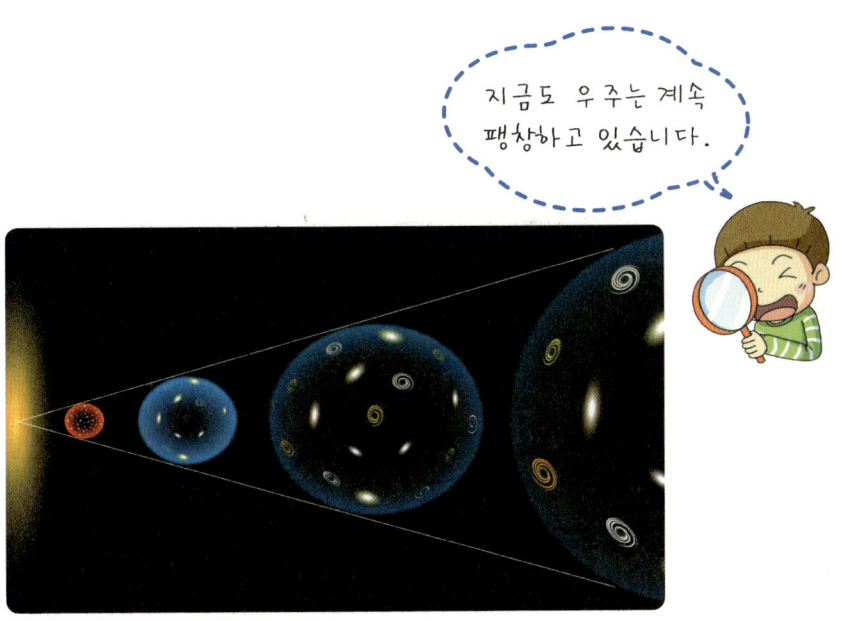

    빅뱅 이론은 대폭발 이후의 우주가 만들어지는 과정에 대한 궁금증을 풀어 주기는 하지만 왜 대폭발이 일어났는지에 대한 설명을 해 주지는 못하고 있습니다.

    우주는 지금도 팽창하고 있다고 합니다. 그렇다면 앞으로 우주는 어떻게 될까요?

    어떤 과학자들은 앞으로도 우주는 끝없이 팽창을 계속할 것이라고 합니다. 또 다른 과학자들은 우주에 중력이 존재하기 때문에 언젠가는 은하들이 서로 잡아당기기 시작하여 하나로 뭉쳐질 것이라고 합니다. 어떻게 될지는 누구도 알 수 없습니다.

    앞으로 더욱 많은 은하나 별들을 관찰함으로써 우주가 어떻게 만들어졌는지, 앞으로 어떻게 될지 그 실마리를 찾을 수 있을 것으로 기대하고 있습니다.

 ## 우주 팽창설의 기초를 세운 천문학자! 허블

우주란 우리가 사는 지구를 포함하여 온 세상을 둘러싸고 있는 공간을 말합니다. 1900년대 초까지 아인슈타인을 비롯한 많은 과학자들은 우주가 팽창하지도, 수축하지도 않는다고 생각했습니다.

1920년대 허블은 망원경으로 우주를 관찰하다 외부 은하를 발견하였고, 거리가 먼 외부 은하일수록 더 빠른 속도로 멀어진다는 사실을 발견하였습니다.

이 발견은 우주가 팽창하고 있다는 것을 나타내는 것으로, 이전까지 우주에 대해 가지고 있던 과학자들의 생각을 바꾸는 데 큰 공헌을 하였습니다. 허블의 이 발견은 빅뱅 이론의 기초가 되었습니다.

블랙홀이란 무엇일까요?

블랙홀(black hole)이란 말을 들어 봤나요? SF 영화를 보면 블랙홀이 종종 등장하는데, 그 이유는 블랙홀이 그만큼 신비하기 때문일 것입니다.

블랙홀이란 중력이 굉장히 강해 어느 것도 빠져나올 수 없는 천체를 말합니다. 가장 빠르다고 여겨지는 빛조차도 블랙홀에서 빠져나오지 못한다고 합니다.

이러한 블랙홀은 어떻게 생겨날까요? 태양보다 훨씬 질량이 큰 별이 수명을 다하여 폭발할 때, 바깥쪽은 대폭발을 일으켜도 그 중심은 아직 무겁기 때문에 자신의 무게로 인하여 수축하게 됩니다. 이렇게 극도로 수축을 하면 중력이 굉장히 커진 블랙홀이 탄생하게 됩니다.

블랙홀은 오랫동안 실제로 존재하지 않고 이론상으로만 존재한다고 생각해 왔습니다. 아마도 우리 눈으로 볼 수 없었기 때문일 것입니다. 블랙홀은 왜 보이지 않을까요? 우리가 밤하늘에 떠있는 달을 볼 수 있는 이유는 태양빛이 달 표면에 반사하여 우리 눈에 들어오기 때문입니다. 그런데 빛이 블랙홀에 들어가면 빠져나오지 못하기 때문에 우리 눈으로 볼 수 없습니다.

그렇다면 눈에 보이지 않는 블랙홀의 존재를 어떻게 확인할 수 있을까요? 블랙홀 주위에 별이 있을 경우 블랙홀의 중력에 의해 별의 물질이 빨려

들이갑니다. 이때 빨려 들어가는 물질은 회전하면서 고온으로 가열되어 X선을 방출하게 됩니다. 이 X선을 방출하는 천체들을 감지함으로써 블랙홀의 존재를 알게 됩니다.

실제로 백조자리에 있는 X-1은 청색 초거성과 쌍성을 이루고 있으면서 강한 X선을 방출하고 있는 것이 관측되었습니다. 이 때문에 X-1은 유력한 블랙홀 후보지로 여겨지고 있습니다.

블랙홀로 끌려 들어가는 물질은 강한 X선을 방출합니다.

태양계에는 몇 개의 행성이 있을까요?

우리가 살고 있는 지구는 태양계에 속해 있습니다. 태양계는 태양을 중심으로 돌고 있는 수많은 천체들의 모임입니다. 태양계의 천체들로는 태양을 공전하는 8개의 행성, 행성 주위를 도는 위성, 소행성들과 혜성들, 먼지와 가스 등이 있습니다.

태양계의 크기는 얼마나 될까요? 태양에서 해왕성까지의 거리는 약 45억 km 정도나 됩니다. 그러나 이렇게 큰 태양계도 우리 은하 속에서는 아주 작은 변두리 마을에 지나지 않는다고 합니다.

태양계의 중심에는 태양계에서 유일한 별로 태양계를 존재하게 하는 태양이 있습니다. 그리고 그 주위를 8개의 행성이 공전하고 있습니다.

태양을 공전하는 8개의 행성은 태양에서 가까운 순으로 수성, 금성, 지구, 화성, 목성, 토성, 천왕성, 해왕성입니다.

태양계의 행성들

행성 간의 거리는 이보다 훨씬 멀리 떨어져 있답니다. 물론 행성들의 크기도 정확하지 않아요.

제4장 지구 · 기상, 우주의 신비

이 중 지구의 안쪽에서 태양 주위를 도는 수성과 금성을 내행성이라고 하고, 지구 바깥쪽에서 태양 주위를 도는 화성, 목성, 토성, 천왕성, 해왕성을 외행성이라고 합니다.

태양계의 행성은 지구형 행성과 목성형 행성으로 나눌 수 있습니다. 지구형 행성은 수성, 금성, 지구, 화성으로 크기와 질량은 작지만 평균 밀도가 높은 암석으로 이루어진 고체 행성입니다. 목성형 행성은 목성, 토성, 천왕성, 해왕성으로 크기가 매우 크지만 가스가 얼어붙은 덩어리로 되어 있어 밀도가 낮은 행성입니다.

태양계에 있는 천체들은 모두 태양의 영향을 받습니다. 행성들이 우주 밖으로 튕겨나가지 않는 것도 태양의 인력 때문이지요. 특히 지구에 사는 생물들에게 태양은 없어서는 안 될 존재입니다.

행성의 지위를 잃은 명왕성

명왕성이라고 들어 보셨나요? 명왕성은 원래 태양계의 9번째 행성이었습니다. 여러분의 부모님은 어렸을 적에 태양계의 행성이 9개라고 배웠답니다. 명왕성은 2006년 체코에서 열린 세계 천문학자들의 모임인 국제천문연맹에서 태양계의 행성에서 제외되기로 결정되었습니다. 그래서 태양계의 행성이 8개로 줄어든 것입니다.

명왕성이 행성에서 제외된 이유는 행성은 자기 공전 궤도에서는 다른 천체의 영향을 거의 받지 않아야 하는데, 명왕성은 위성으로 알려진 카론의 영향을 크게 받아 서로를 돌고 있었기 때문입니다. 현재 명왕성은 소행성 134340으로 불리고 있습니다.

UFO의 정체는 무엇일까요?

UFO는 미확인 비행 물체를 영어로 줄인 말입니다. 옛날부터 세계 각지에서는 UFO를 목격했다는 사람이 많이 있습니다. 그러나 그 정체가 무엇인지는 밝혀지지 않은 상태입니다.

UFO를 목격한 최초의 보고는 1947년 미국에서 아널드라는 민간 비행사가 상공을 비행하는 9개의 불가사의한 물체가 빛을 발하면서 무서운 속도로 날아가는 것을 목격했다고 보고한 것입니다. 이후 세계 각지에서 그와 비슷한 정체불명의 비행 물체를 보았다는 사람들이 늘어나고 있습니다.

이에 미국항공우주학회는 1967년 특별위원회를 설치하여 UFO에 관한 조사를 계속하고 있으나, 그 정체는 여전히 알 수 없는 상태입니다. 우주인의 비행체, 기구, 유성, 구름 속의 방전 현상, 다른 나라의 비밀 무기 등 여러 가지 억측이 나돌고 있을 뿐입니다.

그중 우주인의 비행체설은 우주에는 인간과 같은 문명을 가진 생물이 살고 있으며, UFO는 그들이 만든 비행체라는 것입니다.

우주에는 수많은 은하가 있고, 우리가 살고 있는 은하계만 해도 태양과 같이 행성을 거느리고 있는 항성이 200억 개나 있습니다. 그 많은 행성

중에는 인간과 같이 지적인 능력을 갖춘 외계인이 살고 있을 것이라는 것입니다.

특히 우주에서 UFO가 목격되었다는 주장도 있어 우주인의 비행체설을 뒷받침해 주고 있습니다. 미국의 유인 우주선인 아폴로가 달을 탐사하는 과정에서 촬영한 사진에 빛을 발하는 물체들이 찍힌 것입니다.

미국항공우주국(NASA)에서도 이 물체들이 무엇인지 확실하게 정의내리지 못하고 있습니다. UFO는 우주에서 오는 것일까요? 아니면 단순한 카메라의 오류일가요? 매우 궁금합니다.

지구가 도는데 왜 아무것도 느끼지 못할까요?

태양은 아침에 동쪽에서 떠서 저녁에 서쪽으로 넘어갑니다. 그래서 옛날 사람들은 태양이 지구 둘레를 도는 것으로 알아 왔습니다.

그러나 태양이 지구 둘레를 도는 것이 아니라 지구가 태양 둘레를 돌며, 남극점과 북극점을 축으로 하여 하루에 한 번씩 자전을 한다는 것은 어린이들도 잘 아는 사실입니다.

지구가 자전하는 속도는 위도에 따라 차이가 나는데, 적도에서 시속 약 1,700km나 되고, 우리나라의 위치에서도 시속 약 1,300km나 된다고 합니다. 이는 우리나라에서 가장 빠른 KTX 열차보다도 4배나 빠른 속도입니

제4장 지구 · 기상, 우주의 신비

다. 또, 지구는 초당 약 30km의 속도로 태양 둘레를 돌고 있습니다.

이렇게 빠른 속도로 자전과 공전을 하는데, 사람들은 지구가 움직이고 있다는 것을 느끼지 못합니다. 왜 그럴까요?

그 이유는 지구가 회전할 때 대기권을 포함한 지구 상의 모든 것이 중력의 영향을 받으며 함께 회전하기 때문입니다. 또, 항상 일정한 속도로 움직이고 있기 때문입니다.

우리는 일정한 속도로 움직이는 물체의 안에 있을 때 움직임을 느낄 수 없습니다. 예를 들어, 우리가 잠들어 있을 때 누군가 우리를 시속 300km로 달리는 기차 안에 옮겨 놓는다면, 우리가 깨어났을 때 달리는 기차 안에 있다는 것을 느끼지 못하게 됩니다. 물론 기차가 달릴 때 진동과 소리가 없고, 창밖을 볼 수 없어야 한다는 전제가 있어야겠죠.

물체가 움직이는 속도는 무엇을 기준으로 하느냐에 따라 같은 속도도 전혀 다르게 느껴질 수 있습니다.

예를 들어, 골목길에서 자동차가 시속 50km의 속도로 달린다면, 주변의 사람이나 가로수 등이 휙휙 차를 스쳐 지나가기 때문에 속도가 빠르다고 느끼게 됩니다.

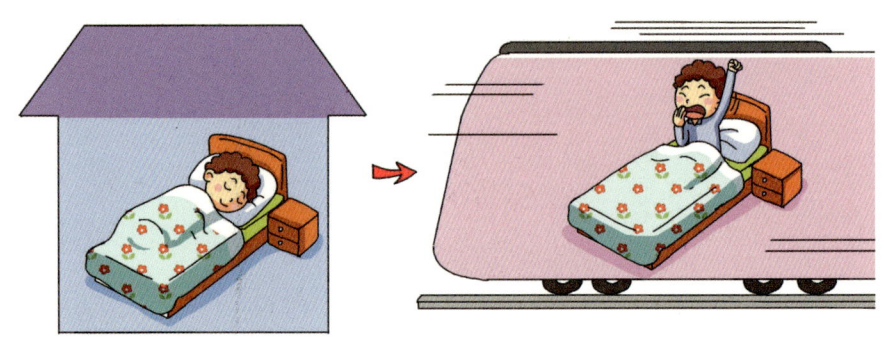

반대로 시야가 확 트인 8차선 고속 도로에서 시속 50km로 달린다면 별로 빠르다는 느낌을 갖지 않게 됩니다. 주변에 속도를 비교할 수 있는 사물이 없기 때문입니다.

지구 상의 모든 물질은 지구와 함께 움직이기 때문에 지구의 움직임을 상대적으로 비교할 수 있는 사물이 없습니다. 따라서, 지구와 함께 움직이는 우리는 지구의 움직임을 느낄 수 없습니다.

 **갑자기 지구의 중력이 사라진다면?**

지구는 아주 강한 힘으로 우리를 끌어당기고 있습니다. 이렇게 지구가 끌어당기는 힘을 중력이라고 합니다.

만약 갑자기 지구의 중력이 사라진다면 어떻게 될까요? 우리는 엄청난 원심력으로 말미암아 빠른 속도로 지구 밖으로 튕겨져 나갈 것입니다. 지구의 중력으로 인해 우리는 지구가 회전하여 생기는 원심력을 이기고 지구에서 살 수 있는 것입니다.

밀물과 썰물 현상은 왜 일어날까요?

해수면은 하루에 두 번씩 높아졌다가 낮아졌다가를 반복합니다. 해수욕장에 가보면 어떤 때는 바닷물이 백사장 안쪽까지 밀려 들어와 있고, 어떤 때는 쑥 빠져나가 갯벌이 드러나 있는 것을 볼 수 있습니다. 이렇게 바닷물이 육지 쪽으로 들어오는 현상을 밀물, 바다 쪽으로 빠져나가는 현상을 썰물이라고 합니다.

왜 이런 현상이 생기는 것일까요? 그 이유는 하늘에 뜬 태양과 달 때문입니다. 달도 지구처럼 물체를 잡아당기는 인력을 가지고 있습니다. 지구와 달은 서로 잡아당기는 상태를 유지하면서 달이 지구 주위를 계속 돌고 있는 것입니다.

그렇기 때문에 달과 가장 가까이 있는 바다에서는 바닷물이 달의 인력 때문에 달 방향으로 부풀어 오르게 됩니다. 또, 지구 반대편에서도 지구 자전에 의한 원심력이 작용하여 바닷물이 부풀어 오릅니다. 이것이 밀물입니다.

달은 지구 주위를 하루에 한 바퀴 돌므로 한 번은 달의 인력에 의해, 또 한 번은 지구의 원심력에 의해 하루에 두 번씩 밀물과 썰물 현상이 일어나는 것입니다.

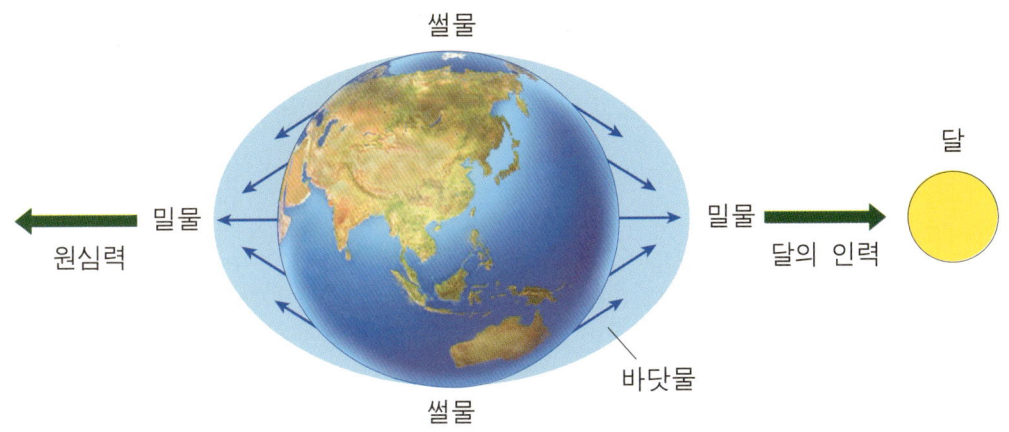

우리나라의 진도에서는 매년 정해진 시기에 바닷물이 갈라져서 사람들이 걸어 다닐 수 있는 길이 생깁니다. 이 길은 태양과 달의 인력으로 바닷물이 끌려가서 생기는 현상입니다. 태양과 달, 지구가 일직선이 될 때 인력이 더 강해져서 마치 바다가 갈라진 것처럼 바닥이 드러나고 길이 생기는 것입니다.

바닷물이 꽉 들어찬 모습

바닷물이 빠져나간 모습

윤년은 왜 생길까요?

여러분은 "1년이 며칠일까요?"라는 질문에 며칠이라고 답하시겠습니까? 보통은 365일이라고 답할 것입니다. 하지만 꼭 365일만 있는 것은 아닙니다. 1년이 366일인 해도 있습니다.

달력을 보면 2월이 28일까지 있는 해가 있고, 29일까지 있는 해가 있는 것을 알 수 있습니다. 이렇게 28일까지 있어 1년이 365일인 해를 평년, 29일까지 있어 1년이 366일인 해를 윤년이라고 합니다.

그렇다면 윤년은 왜 생겼을까요? 그 이유는 지구의 공전과 관련이 있습니다. 현재 우리가 쓰는 달력은 지구가 태양을 한 바퀴 도는 데 걸리는 시간을 1년으로 정하여 만든 것입니다. 이것을 태양력이라고 합니다.

그런데 지구가 태양 둘레를 한 바퀴 도는 데 걸리는 시간은 약 365일 5시간 49분입니다. 따라서 4년에 하루 정도씩 차이가 생기게 됩니다.

그래서 고대 로마 시대부터 이미 4년에 한 번씩 1년을 366일로 하는 윤년을 설정하여 엇갈리는 차이를 수정하게 된 것입니다.

그런데 이렇게 4년에 한 번씩 윤년으로 해서 수정을 해도 1년에 11분 정도의 차이가 생깁니다. 이 차이를 수정하기 위해 400년에 3번 윤년을 생략하기로 하였답니다.

태음력이란 무엇일까요?

태양력은 지구가 태양의 둘레를 한 바퀴 도는데 걸리는 시간을 1년으로 정한 것입니다. 이에 비해 태음력은 달의 모양이 변하는 주기를 활용하여 1년을 정한 것입니다. 우리 모두가 기다리는 설날이나 추석은 바로 태음력을 기준으로 정한 날짜입니다.

지구가 태양의 둘레를 돌고 있듯이 달도 지구의 둘레를 돌고 있습니다. 달이 지구 둘레를 돌다가 태양의 바로 앞에 온 때를 삭이라고 하는데, 삭에서 다음 삭까지의 시간을 한 달로 정하고, 이렇게 열두 달을 1년으로 하는 것이 태음력입니다.

그런데 태음력에서는 한 달의 주기가 29.5일 정도이기 때문에 각 달은 29일이나 30일이 되고, 1년이 354일이 되어 태양력보다 11일이 모자라게 됩니다. 이를 해결하기 위해 19년에 7번의 윤달을 두고 있습니다.

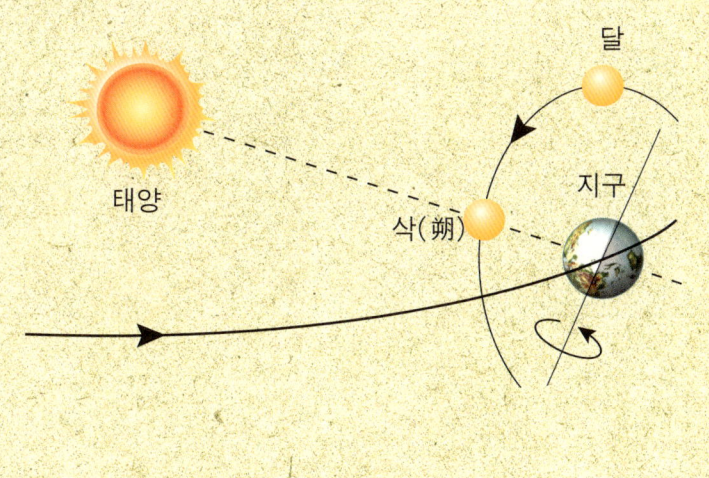

일식과 월식은 어떻게 생길까요?

일식은 태양과 지구 사이에 달이 위치하여 태양을 가려서 태양의 일부 또는 전부를 볼 수 없게 하는 현상입니다.

왜 이런 현상이 일어날까요?

지구가 태양 둘레를 돌고 있다는 것은 잘 알고 있을 것입니다. 달도 지구 둘레를 돌고 있습니다. 달이 지구 둘레를 돌다가 태양과 지구 사이에 위치하면 달의 그림자가 지구에 생깁니다.

지구에 생긴 달의 그림자에는 본그림자와 반그림자가 있는데, 만약 내가 본그림자가 생긴 곳에 있다면 개기 일식을, 반그림자가 있는 곳에 있다면 부분 일식을 볼 수 있습니다.

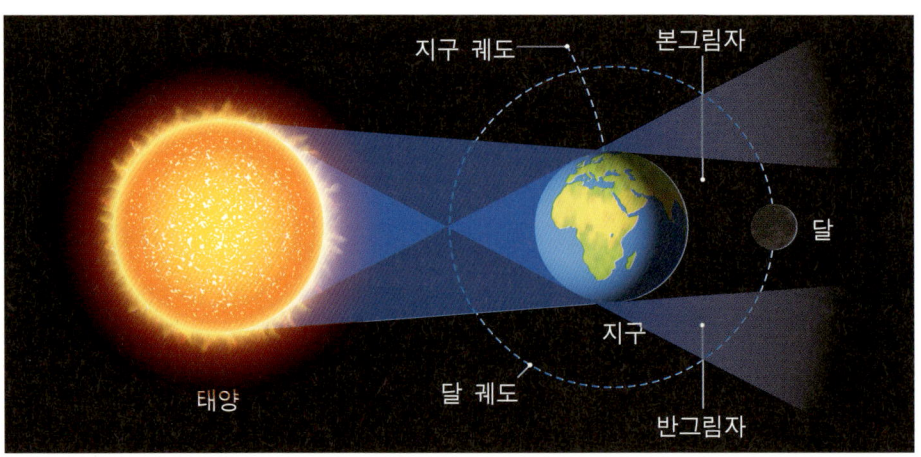

월식은 달이 지구의 그림자 속으로 들어가서 달이 가려지는 현상입니다. 태양-지구-달의 순으로 위치할 때 나타나며, 보름달일 경우에만 나타납니

다. 일식 때와 같이 본그림자와 반그림자가 있으며, 달이 지구의 본그림자 속으로 완전히 들어가면 개기 월식, 본그림자 속으로 달의 일부만 들어가면 부분 월식이 나타납니다.

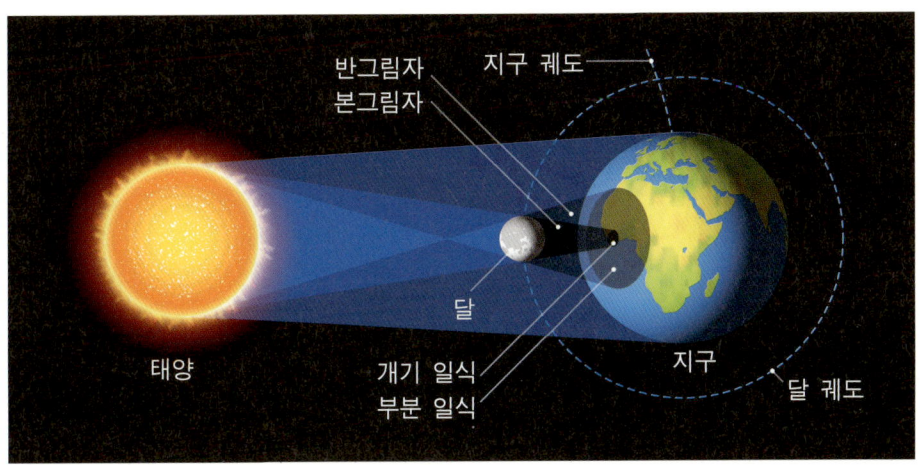

 그런데 달이 지구 둘레를 한 달에 한 바퀴 도는데, 일식과 월식은 왜 매달 일어나지 않을까요?
 그 이유는 지구와 태양과 달이 일직선으로 되는 날이 드물기 때문입니다. 달의 공전 궤도면은 지구의 공전 궤도면과 5도 정도 어긋나 있는데, 이 때문에 일식과 월식이 드물게 일어나는 것입니다.

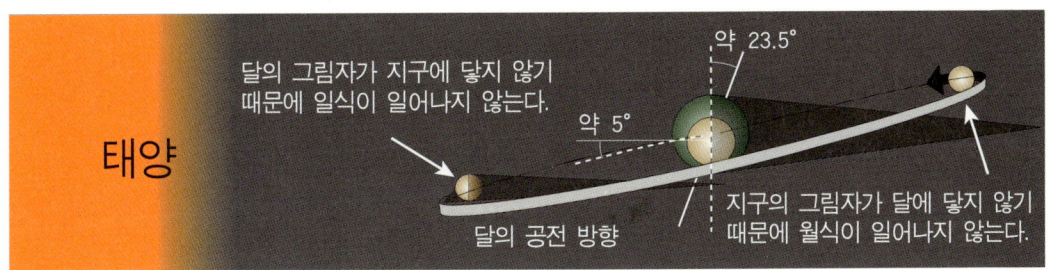

제4장 지구·기상, 우주의 신비 141

오로라 현상은 어떻게 생길까요?

극지방 가까이 가면 밤하늘에 빛이 커튼처럼 흔들거리거나 밤하늘의 일부가 환하게 빛이 나는 현상을 볼 수 있는데,

이러한 현상을 오로라라고 합니다. 오로라는 라틴어로 '새벽'이라는 뜻입니다. 아마도 새벽 무렵에 보이는 오로라가 가장 아름다워서 붙여진 이름인 것 같습니다.

오로라는 남극이나 북극에 가까운 고위도 지방에 나타나는 발광 현상입니다.

오로라는 주로 지방에 나타나서 극광이라고도 합니다.

시베리아 북부, 알래스카 중부, 캐나다 중북부, 아이슬란드 남부, 스칸디나비아 반도 등에서는 흐리지 않은 밤이면 거의 매일 오로라가 나타난다고 합니다.

이 오로라는 어떻게 생기는 것일까요?

오로라는 태양의 폭발과 관련이 있습니다. 태양은 크고 작은 폭발을 계속하고 있습니다. 이때 다양한 에너지를 가진 태양풍이 지구의 대기와 충돌하여 빛을 내는 것입니다.

그렇다면 왜 오로라는 주로 극지방에서 나타나는 것일까요?

태양풍은 바람이 아니며, 태양이 뿜어내는 미세한 입자의 흐름입니다. 주

로 자성을 띤 전자로 이루어져 있습니다.

지구도 남극은 N극, 북극은 S극을 띤 하나의 거대한 자석입니다. 그래서 나침반을 보면 항상 나침반의 N극이 북쪽을 향하고 있습니다.

이처럼 지구에는 자장이 형성되어 있어 태양풍을 막는 울타리 역할을 합니다. 그러나 자석의 극인 북극과 남극에서는 울타리 역할을 하지 못하여 태양풍의 일부가 대기로 들어와 공기와 부딪히면서 빛을 내는 것입니다.

오로라의 색깔은 공기 중의 성분과 고도에 따라 녹색, 빨간색, 파란색, 분홍색 등 다양하게 나타납니다. 또, 태양에 흑점이 많을수록 태양 활동이 활발하기 때문에 우리나라에서도 수십 년에 한 번 정도 오로라가 생길 때가 있습니다.

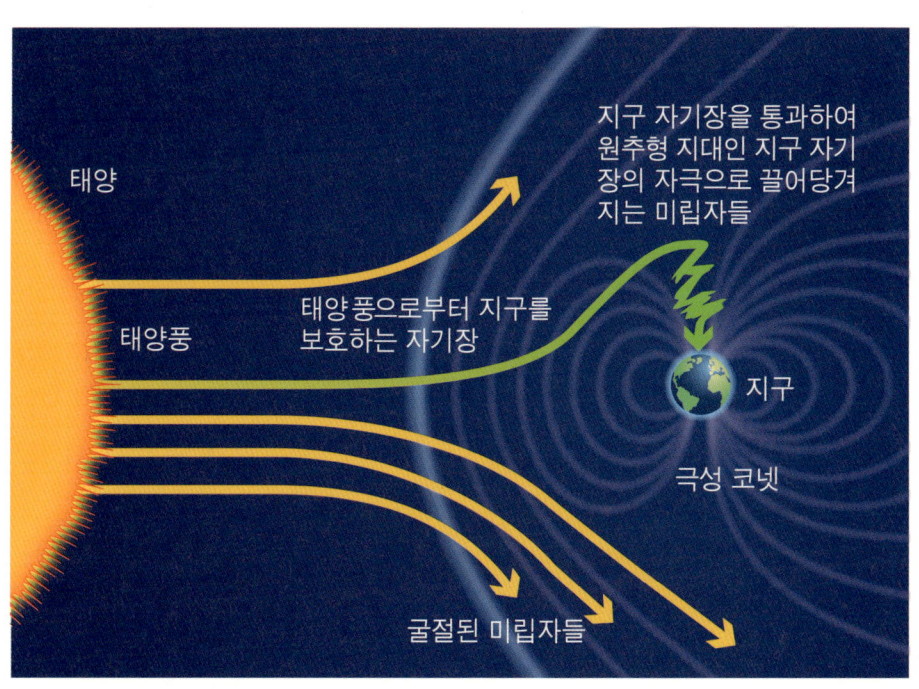

지구 온난화는 왜 나쁜 현상일가요?

　지구의 대기 온도가 점점 높아지는 현상을 지구 온난화라고 합니다. 지구의 기온은 최근 100년 동안에 약 0.7℃ 상승하였다고 합니다. 겨우 0.7℃라서 별것 아니라고 생각할 수도 있지만, 이것은 지난 1만 년 동안 상승한 온도보다 더 큰 변화라고 합니다.

　지구 온난화 현상은 온실가스의 증가 때문에 일어납니다. 지구가 햇볕을 받으면 열의 일부를 다시 반사시키는데, 온실가스가 이 열기가 우주로 빠져나가는 것을 막아 다시 지구로 되돌아오게 합니다. 이렇게 하여 지구의 온도가 높아지는 것을 온실 효과라고 합니다.

　사실 온실 효과는 꼭 필요하답니다. 만일 온실 효과가 전혀 없다면 지구의 평균 기온은 지금보다 훨씬 낮았을 것입니다. 문제는 온실가스로 인해 온실 효과가 너무 강해지는 것이랍니다.

온실 효과의 원리

대표적인 온실가스로는 이산화탄소, 메탄, 이산화질소 등이 있습니다. 그 중 가장 큰 영향을 끼치는 온실가스는 이산화탄소입니다. 석탄, 석유를 계속 사용하면 대기 중의 이산화탄소의 양이 계속 증가합니다.

지구 온난화가 계속되면 극지방의 빙하가 녹아 해수면을 높이게 됩니다. 실제로 북극 지방의 빙하는 계속 줄어들고 있습니다.

해수면이 높아지면 바닷가의 낮은 지역이 물에 잠기게 될 것입니다.

또, 물의 증발이 많아져서 대부분의 지역에서 물 부족 현상이 일어날 것입니다. 그러면 자연 생태계도 어지럽혀져서 모든 식물과 동물이 영향을 받게 되며, 심하면 일부 동식물은 멸종될 수도 있습니다.

어떻게 하면 지구 온난화를 방지할 수 있을까요? 많은 연구와 노력이 계속되고 있지만 간단한 일이 아닙니다. 전 세계적으로 지구 온난화 방지를 위해 모두가 함께 노력해야 할 것입니다.

살 수 있는 공간이 줄어들고 있어요.

 **왜 에베레스트 산 정상에 소라화석이 있을까요?**

　에베레스트 산은 높이가 8,848m나 되는 세계에서 가장 높은 산입니다. 이렇게 높은 산의 바위에서 바다에 사는 소라와 물고기의 화석이 나왔습니다. 화석은 동물이나 식물의 유해가 암석 속에 남아 돌로 변한 것입니다.

　소라나 물고기 화석은 에베레스트 산에만 있는 것이 아닙니다. 에베레스트 산이 있는 히말라야 산맥은 중국, 인도, 네팔 등의 국경 지역이며, 8,000m 정도의 산이 많은 곳입니다.

　이 히말라야 산맥 곳곳에서도 화석이 발견되었습니다.

　어떻게 바다에 사는 생물의 화석이 에베레스트 산과 같이 높은 곳에서 나왔을까요?

　아주 옛날 큰 회오리바람이 불어 바다에 사는 생물들을 산꼭대기로 끌어

올렸을까요? 아니면 큰 홍수가 나서 산꼭대기까지 물이 차올랐을까요? 아니면 물고기가 스스로 기어 올라왔을까요?

과학자들은 그 이유로 히말라야 산맥이 옛날에는 바다 밑에 있었다고 추측하고 있습니다. 히말라야 산맥은 바다 밑의 지면이 솟아올라서 이루어졌다는 것입니다.

과학자들은 왜 이런 생각을 하였을까요? 우리가 살고 있는 땅은 딱딱해서 움직이지 않는다고 생각하기 쉽습니다. 그러나 아주 조금씩 항상 움직이고 있습니다.

히말라야 산맥 남쪽에 있는 인도는 아주 옛날에는 바다에 둘러싸여 있었는데 조금씩 중국 쪽으로 이동해 왔다고 합니다. 그리하여 중국과 인도의 틈에 끼인 바다 밑바닥이 해면 위로 높이 솟아올라 히말라야 산맥을 형성했다고 생각하고 있습니다. 그래서 바다 생물의 화석이 히말라야 산맥에서 발견된 것입니다.

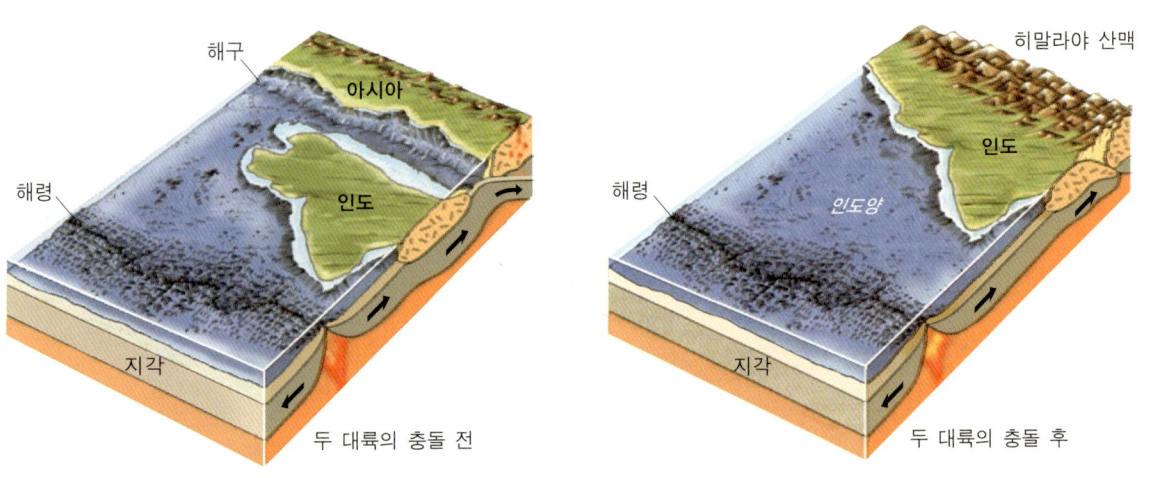

 ## 땅이 움직인다고 주장한 베게너

　대륙이 움직이고 있다고 주장한 대표적인 사람은 독일의 기상학자 베게너입니다. 그는 옛날에는 하나의 커다란 대륙만이 있었으나 약 2억 년 전부터 분할되어 움직이기 시작하여 현재와 같은 6개의 대륙이 되었다고 주장했습니다.

　베게너는 그 증거로 아프리카 대륙의 서해안과 남아메리카 대륙의 해안선 모양이 매우 유사하고, 두 대륙 간에 같은 종류의 화석이 발견되었다는 점 등을 들었습니다.

　베게너의 이러한 주장은 근본적으로 어떻게 커다란 대륙이 움직이는지를 설명하지는 못했기 때문에 당시 다른 과학자들은 그의 말을 믿지 않았습니다.

　하지만 이후 많은 사람들이 베게너의 주장에 관심을 갖고 연구를 계속하였고, 베게너가 설명하지 못했던 어떻게 대륙이 움직일 수 있는지에 대해 여러 가지 과학적 증거를 제시하여 현재는 정설로 인정받고 있습니다.

대륙이 어떻게 움직일 수 있는지 조사해 보세요.

화산이란 무엇일까요?

화산이란 땅속에 있는 가스나 마그마 등이 지각의 구멍 난 틈을 통하여 밖으로 분출하는 지점 또는 그 결과로 생기는 구조를 말합니다.

마그마란 땅속 깊은 곳의 암석이 녹아 액체처럼 된 물질을 말합니다. 마그마가 땅속 깊은 곳에서 고여 웅덩이가 생기면 그곳의 압력이 높아지게 됩니다. 그러면 지각이 약한 부분은 높아진 압력으로 인해 틈이 생기고, 그렇게 땅 위에까지 틈이 생기면 가스나 마그마 등이 밖으로 분출됩니다. 이렇게 해서 화산이 만들어지게 됩니다.

화산이 분출할 때에는 많은 물질이 나오는데, 이런 물질을 화산 분출물이

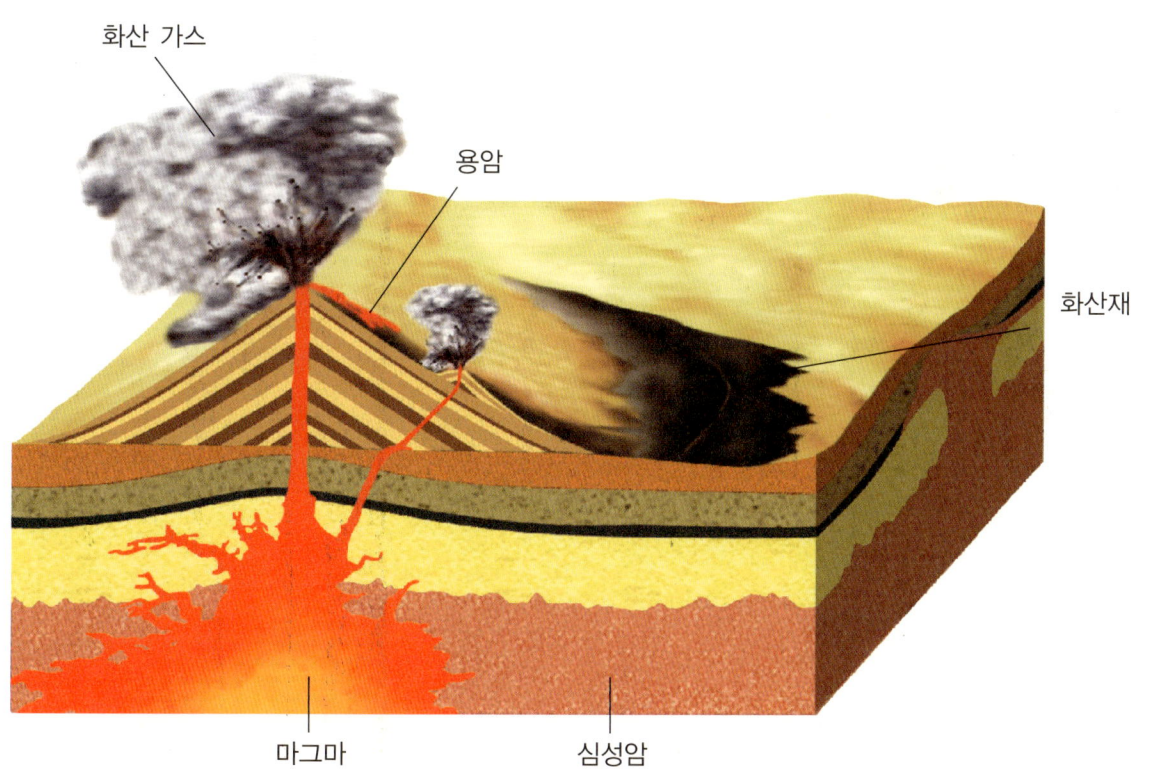

제4장 지구·기상, 우주의 신비

라고 합니다. 대표적인 화산 분출물로는 화산 가스, 용암, 화산 암석 조각 등이 있습니다.

'화산 가스'는 대부분 수증기로 이루어져 있고, 그 밖에 이산화탄소, 질소 등이 포함되어 있습니다.

화산 가스

'용암'은 분화구에서 분출된 마그마를 말합니다. 마그마가 밖으로 흘러나오면 용암이라고 부릅니다. 이 용암이 식으면 현무암이라는 암석이 됩니다. 제주특별자치도에 있는 용두암은 용암이 바닷가에 이르러 만들어진 것으로 보이는 대표적인 암석입니다.

용두암

화산 암석 조각에는 화산진, 화산재, 화산탄 등이 있습니다.

화산 분출이 일어나면, 화산 분출물이 퍼져 나가 많은 사람이 피해를 입습니다. 화산재가 마을을 뒤덮어 폐허가 되기도 하고, 용암으로 인해 산불이 발생하기도 합니다.

하지만 화산 활동이 우리에게 피해를 주는 것만은 아닙니다. 땅속에 지하수가 있으면 온천이나 지열 발전 등에 이용할 수 있고, 화산재에는 미네랄이 많이 포함되어 있어 땅을 비옥하게 하기도 합니다. 또, 화산 활동으로 만들어진 지형은 관광지로 인기를 얻기도 합니다. 제주도나 울릉도는 모두 화산 활동으로 만들어진 섬입니다.

| 온천 | 지역 발전 | 관광지 |

 우리나라의 대표적인 화산으로는 백두산과 한라산을 들 수 있습니다. 백두산 꼭대기에는 천지가 있고 한라산 꼭대기에는 백록담이 있습니다. 천지와 백록담은 꼭대기의 움푹 팬 부분에 물이 고여 만들어진 호수로, 서로 비슷해 보이지만 천지는 칼데라 호, 백록담은 화구호로 불립니다.

 칼데라 호는 강렬한 폭발에 의하여 화산의 분화구 주변이 붕괴되거나 함몰되면서 생긴 곳에 물이 괴어 생긴 호수입니다. 지름은 보통 3km 이상이며 큰 것은 수십 km에 이르는 것도 있습니다.

 화구호는 일반적인 분화구에 물이 괸 호수로 지름이 1km보다 작은 것이 보통입니다.

▼ 백두산 천지   한라산 백록담 ▶

지진은 왜 일어날까요?

우리는 텔레비전을 보면서 지진이 일어나서 집이나 도로가 무너지는 등 큰 피해가 발생했다는 뉴스를 접하고는 합니다. 특히, 우리나라와 가까운 일본에서는 지진이 자주 일어납니다.

지진은 왜 일어나는 것일까요?

지진이란 지구 내부에서 움직인 힘으로 지층이 끊어지면서 땅이 흔들리는 현상을 말합니다.

우리가 살고 있는 지구의 내부에서는 끊임없이 힘이 작용하고 있습니다.

어제 오후 일본 오키나와에서 규모 7.1의 지진이 발생했습니다.

규모가 큰 지진이 발생하면 땅이 갈라지기도 합니다.

지층은 단단하지만 지구 내부에서 생기는 힘을 오랫동안 받으면 휘어지기도 하고 끊어지기도 합니다. 지층이 끊어지면 그 진동으로 땅이 흔들리고, 때로는 갈라지기도 합니다.

지진이 일어났을 때 최초로 시작된 땅속의 지점을 '진원'이라 하고, 진원의 바로 위 지표면을 '진앙'이라고 합니다.

지진의 세기를 나타내는 단위로는 '진도'와 '규모'가 있습니다.

진도는 어떤 한 관측 지점에서 기록된 지진에 의한 진동의 세기를 말합니다. 따라서, 진도는 지진 발생 지점에서 멀어질수록 작아집니다.

규모는 지진이 일어날 때 발생한 절대적인 에너지의 크기를 나타냅니다. 미국인 학자인 리히터가 처음 제안하여 '리히터 규모'라고 부르기도 합니다. 진도나 규모 모두 숫자가 클수록 강한 지진을 나타냅니다.

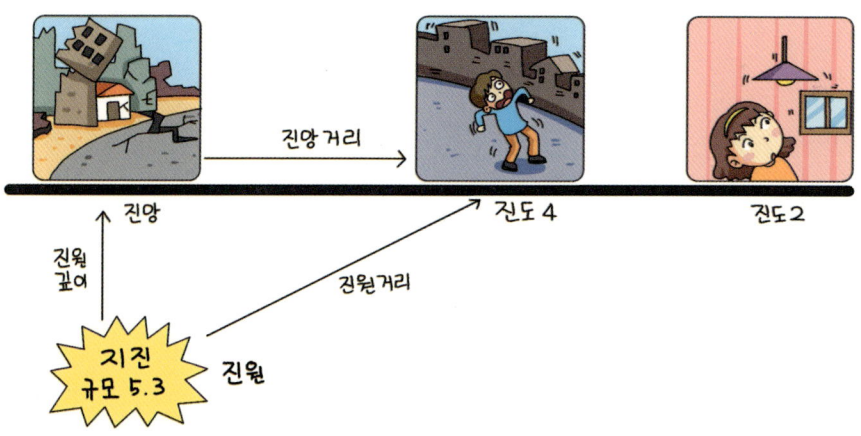

우리나라는 이웃 일본보다 지진이 발생하는 빈도가 적기는 하지만 결코 지진으로부터 안전하다고는 할 수 없습니다. 따라서, 평소에도 지진이 일어났을 경우를 대비해 준비를 해 두어야 합니다.

 ## 판 구조론이란 무엇일까요?

　우리가 살고 있는 지구는 단단한 지각 아래에 맨틀이라는 말랑말랑한 물질이 있습니다. 지각은 여러 개의 조각으로 나누어져 있으며, 맨틀은 아주 천천히 움직이고 있습니다. 즉, 움직이는 맨틀 위에 지각이 떠 있는 것입니다. 이것을 판 구조론이라고 합니다.

　판은 움직이면서 서로 갈라지거나, 충돌하기도 합니다. 이때의 충격으로 지진과 화산이 발생하게 됩니다. 지진과 화산이 발생한 지역을 표시하면 지진이 발생한 지역과 화산이 있는 지역이 거의 일치하는 것을 알 수 있습니다.

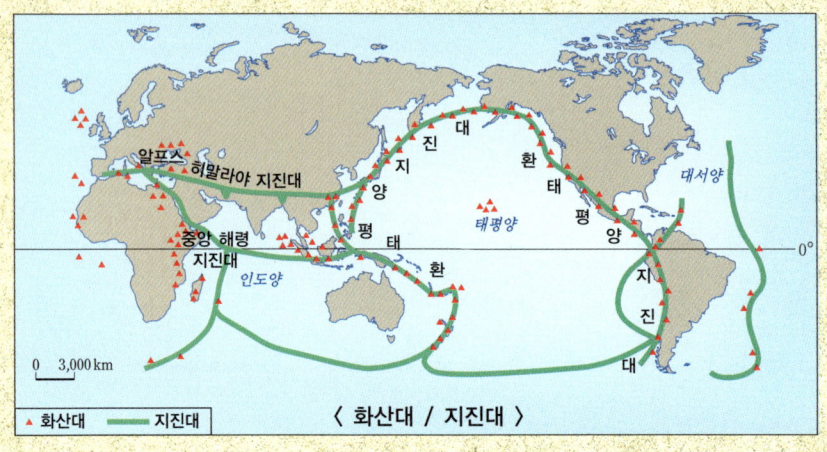

〈 화산대 / 지진대 〉

계절은 왜 변화할가요?

일 년 동안의 계절 변화를 스물넷으로 나눈 것을 이십사절기라고 합니다.

이십사절기 가운데 춘분과 추분은 낮과 밤의 길이가 비슷하고, 너무 춥거나 덥지 않습니다. 1년 중 남중 고도가 가장 높은 하지는 낮의 길이가 가장 긴 날입니다. 동지는 1년 중 남중 고도가 가장 낮으며 낮의 길이가 짧은 날입니다.

우리나라가 사계절이 생기는 것은 지구의 자전축이 기울어진 채 공전하고

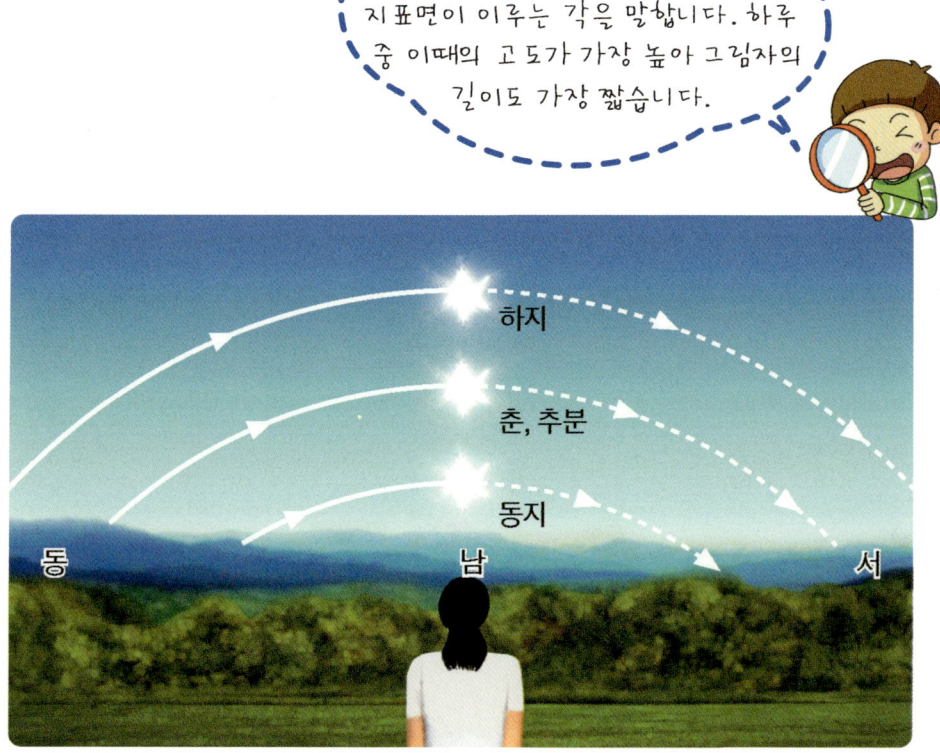

남중 고도란 태양이 정남쪽에 위치해 있을 때 태양과 지표면이 이루는 각을 말합니다. 하루 중 이때의 고도가 가장 높아 그림자의 길이도 가장 짧습니다.

제4장 지구·기상, 우주의 신비

있기 때문입니다. 즉, 지구가 비스듬히 기운 채 태양의 주위를 돌고 있는 것입니다. 기운 각도는 약 23.5도입니다. 이 때문에 지구가 태양 주위를 돌 때 태양이 지구를 비추는 각도가 달라지는 것이지요. 즉, 태양의 남중 고도를 변화시켜 계절 변화를 일으키게 하는 것입니다.

우리나라의 여름은 태양이 바로 위에서 지면을 비추기 때문에 지면이 받는 열량이 많아져서 덥습니다. 그러나 겨울에는 태양의 고도가 낮아 비스듬히 지면을 비춥니다. 이것은 한낮의 그림자가 여름보다 겨울에 길게 드리워지는 것에서 알 수 있습니다. 따라서, 겨울에 지면이 받는 열량이 여름에 비해 훨씬 적어 추운 것입니다.

날씨를 어떻게 예측해서 기상 예보를 할까요?

텔레비전을 보면 일기 예보 시간에 기상 캐스터가 나와서 내일의 날씨를 이야기해 줍니다. 그런데 기상 캐스터는 어떻게 내일의 날씨를 알 수 있을까요?

"제비가 낮게 날면 비가 내린다."는 속담에서 알 수 있듯이 예로부터 사람들은 일상생활 속에서 날씨에 관한 여러 가지 변화를 예측하여 왔습니다. 아무래도 날씨가 우리 생활에 직접적으로 영향을 끼치기 때문일 것입니다.

아주 옛날에는 눈에 보이는 변화를 통해서 기상 관측을 했습니다. 그러다가 온도계, 습도계, 기압계, 풍향계 등 기상 장비가 발명되어 각각의 정보를 모아 일기도를 만들게 되었습니다.

오늘날에는 다양한 기상 관측 장비를 이용하여 기상 관측을 합니다. 기구에 매달아 지상 30km 이상 상공의 기상을 관측하는 라디오존데, 우주에서 기상 요소를 관측하는 기상 위성, 해양의 기상을 관측하는 기구인 부이, 하늘에 전파를 쏘아 올려 되돌아오는 전파로 기상 정보를 얻는 기상 레이더, 대기 중의 바람을 관측하는 윈드 프로파일러 등이 있습니다.

이와 같은 여러 가지 장비들로부터 얻은 자료는 먼저 슈퍼컴퓨터에 의하여 기온과 강수 상태 등의 변화가 분석됩니다. 이렇게 분석된 자료를 기초로 기상청의 기상 전문가나 기상 예보관이 협의하여 각 지역의 기상 예보를 작성하게 되는 것입니다.

우리들은 이러한 기상 정보를 텔레비전이나 라디오, 신문, 인터넷, 전화 등을 통하여 미리 알게 됩니다.

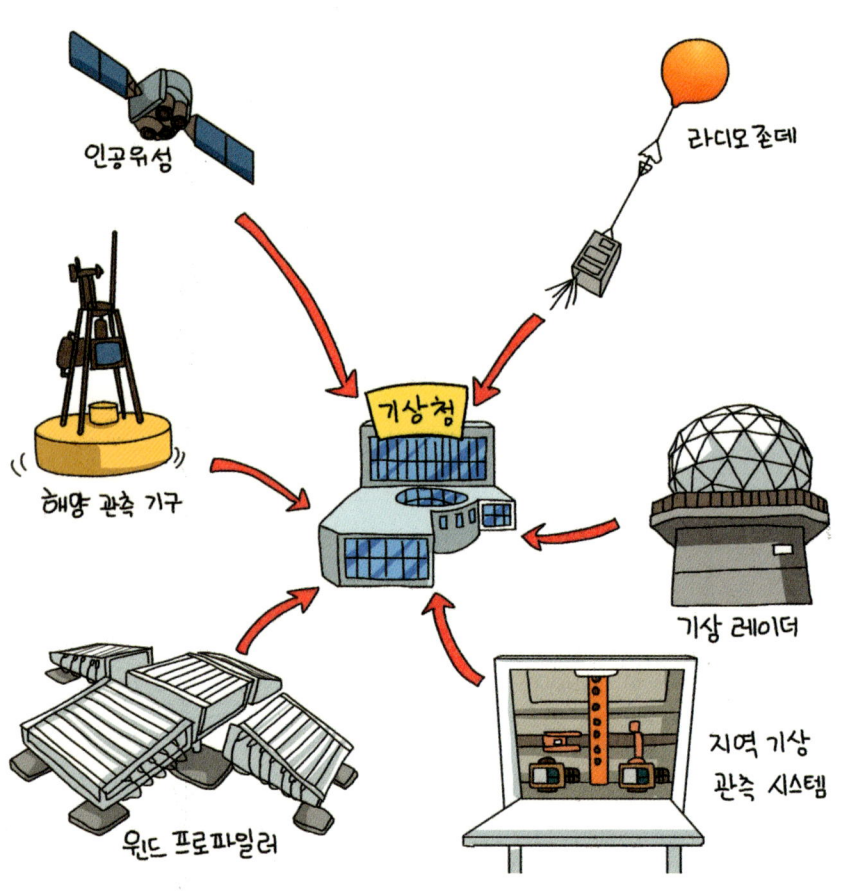

구름은 어떻게 만들어질까요?

하늘에는 다양한 모양의 구름이 생겨났다가 사라졌다가를 반복합니다. 어떤 날에는 파란 하늘에 양 떼들이 뛰노는 것처럼 보이다가, 또 어떤 날에는 어두운 먹구름이 잔뜩 끼어 있기도 합니다.

이러한 구름은 어떻게 만들어지는 것일까요?

지구 표면 위의 물은 태양열에 의해 증발하여 수증기가 됩니다. 수증기를 머금은 공기는 하늘로 올라가면서 식어 공기 속의 수증기가 작은 물방울로 변하게 됩니다. 더욱 높이 올라간 수증기는 얼어붙어 얼음 알갱이가 되기도 합니다. 이렇게 변한 물방울과 얼음 알갱이가 모여서 만들어진 것이 바로 구름입니다.

따뜻한 공기가 상승할 때 주변의 기압이 낮아져 공기의 부피는 점점 커지게 되고, 그러면 온도가 떨어져 수증기가 물방울로 변하게 되는 것입니다.

수증기가 물방울로 맺히는 현상을 응결이라고 합니다.

이렇게 만들어진 구름 알갱이들은 크기가 0.02mm 정도로 아주 작고 무게도 가벼워 하늘에 떠 있을 수 있습니다.

구름은 어떤 때는 흰색(흰 구름)을 띠고 있고, 어떤 때는 회색(먹구름)을 띠고 있습니다. 구름의 색깔은 왜 달라지는 것일까요? 그 이유는 빛의 산란과 관련이 있습니다.

제4장 지구·기상, 우주의 신비

# 구름은 어떻게 비나 눈이 되어 내릴까요?

　구름은 공기 중의 수증기가 얼음 알갱이와 작은 작은 물방울로 변한 것입니다. 하나하나의 알갱이는 작고 가벼워서 땅으로 떨어지지 않지만 이들이 뭉치면 어떻게 될까요?

　구름 내부에는 얼음 알갱이와 물방울이 함께 존재하는 부분이 있습니다. 이 얼음 알갱이에 수증기가 계속 달라붙으며 얼어서 눈 결정을 만들면 결국 무거워져서 땅으로 떨어지게 됩니다. 떨어지는 도중에 지표면 부근의 기온이 높으면 비가 되고, 기온이 낮으면 그대로 눈이 되어 내리는 것입니다.

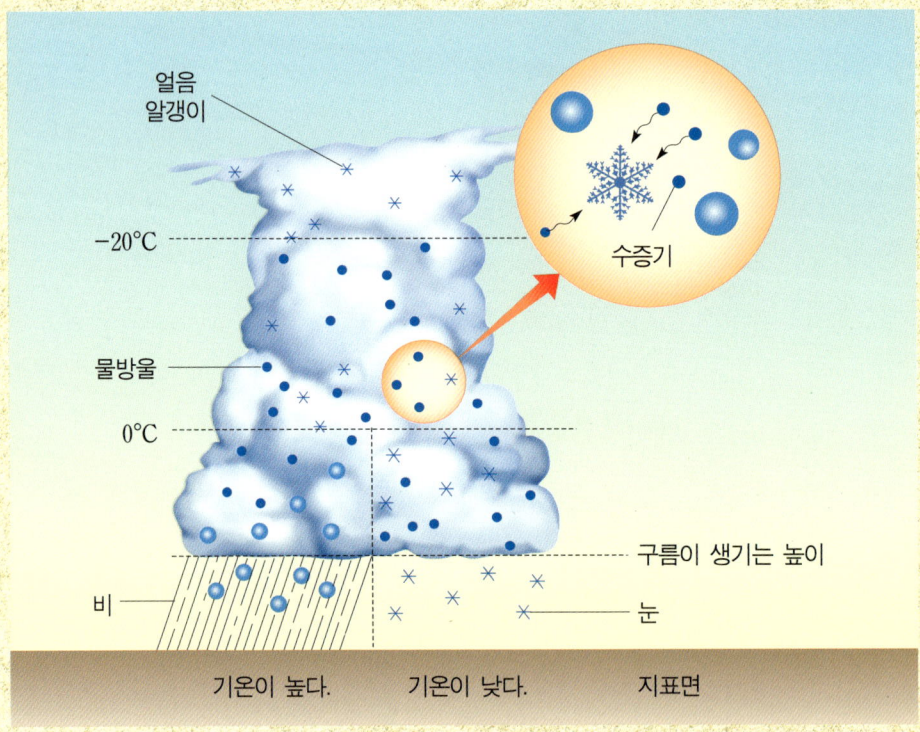

　얼음 알갱이가 없더라도 작은 물방울들이 서로 돌아다니다가 부딪치면서 뭉쳐서 비가 되어 떨어지기도 합니다.

빛의 산란이란, 태양빛이 공기 중의 입자들과 부딪칠 때 사방으로 재방출되는 현상을 말합니다.

구름이 흰색으로 보이는 이유는 구름 알갱이들, 즉 물방울의 크기가 작아 빛을 골고루 산란시키기 때문입니다. 그래서 우리 눈에는 이 빛들이 모두 합쳐진 흰색으로 보이게 됩니다.

그런데 물방울의 크기가 커지면 물방울에 빛이 흡수되기 때문에 우리가 볼 수 있는 햇빛의 양이 줄어 회색으로 보이는 것입니다. 그래서 먹구름이 낀 날은 비가 올 확률이 높습니다.

우리가 이름을 가지고 있듯이 구름도 이름을 가지고 있습니다. 생기는 위치와 모양에 따라 10가지로 구분하여 부르고 있습니다.

제4장 지구·기상, 우주의 신비

태풍은 어떻게 생길까요?

 해마다 7~10월이면 우리나라를 찾아오는 반갑지 않은 손님이 있습니다. 바로 태풍입니다. 태풍은 적도 부근의 해상에서 발생한 열대성 저기압으로 최대 풍속이 초속 17m 이상인 것을 말합니다.
 이 태풍은 어떻게 생기는 것일까요?
 적도 부근(위도가 5도 이상인 곳)의 바다에서는 강렬한 햇볕으로 바닷물이 따뜻해지고, 따뜻해진 바닷물이 증발하여 하늘에서 냉각되어 매서운 비를 내리는 구름(적란운)들을 만듭니다. 이 구름들은 적도 부근에서 부는 강한 바람에 합쳐져 빙글빙글 돌면서 큰 소용돌이가 됩니다.

적란운은 수직으로 발달한 구름으로 위는 산 모양으로 높고, 아래는 비를 머금고 있습니다.

이것이 태풍의 시작이며, 이 소용돌이가 열과 수증기의 영향을 받아 그 세력이 점점 커져서 태풍이 되는 것입니다.

태풍을 하늘에서 보면 왼쪽으로 회전하는 것을 볼 수 있습니다. 이렇게 회전하는 이유는 지구가 자전할 때 생기는 힘 때문입니다. 이 힘을 전향력이라고 합니다. 위도가 5도가 안 되는 적도 지역에서는 전향력이 너무 약해 공기가 회전하지 못하기 때문에 태풍이 생기지 않는답니다.

태풍은 점점 더 커지면서 북쪽으로 진행하는데, 주로 필리핀, 중국, 일본, 우리나라 등으로 올라옵니다.

태풍은 발생해서 소멸할 때까지의 수명이 대체로 1주일에서 1개월 정도인데, 진행하면서 섬에 부딪치면서 약해지고, 육지에 상륙했을 때에는 수증기를 공급받지 못하고, 지면과 마찰력도 심해 점점 약해져 마침내 사라지게 됩니다.

태풍은 그 힘이 어마어마하기 때문에 많은 재산 피해와 인명 피해를 가져옵니다. 하지만 태풍이 우리에게 피해만 입히는 것은 아닙니다. 태풍은 대기의 온도를 균형 있게 유지시키고, 바닷물을 뒤섞어 줌으로써 생태계를 활성화시키는 역할도 합니다. 또, 물 부족 문제를 해결해 주기도 합니다.

 천둥과 번개는 어떻게 생길까요?

하늘에서 천둥 번개가 치면 사람들은 깜짝 놀랍니다. 하늘이 노한 것은 아닐까? 가까이에 떨어지면 어떡하나 하고 두려운 마음도 생기게 됩니다. 아주 어렸을 적에는 이불 속에 들어가서 숨기도 하였을 것입니다.

이렇게 우리를 놀라게 하는 천둥 번개가 치는 이유는 구름 속에서 생기는 전기 때문입니다. 이 전기는 적란운이라는 구름 속에서 자주 발생합니다. 과학자들은 구름 속에 있는 물방울과 작은 얼음 알갱이가 서로 부딪치거나 마찰해서 전기가 생기는 것으로 추측하고 있습니다.

구름 속의 물방울과 얼음 알갱이가 마찰하게 되면 구름 위쪽은 플러스 전기를 띠고, 구름 아래쪽은 마이너스 전기를 띱니다. 또, 구름 아래쪽의 마이너스 전기로 인해 땅 위는 플러스 전기를 띠게 되어 구름 속에서 또는 구름과 땅 사이에 전기가 흐르게 되는데 이것이 바로 번개입니다.

　전기가 흐른 곳의 공기는 30,000℃ 정도의 높은 온도가 되고, 온도가 아주 높아진 공기가 강한 빛을 내어 우리 눈에 보이는 것입니다.
　또, 뜨거워진 공기는 급격히 팽창하게 되어 주위의 공기를 진동시킴으로써 천둥소리를 내게 됩니다.
　번개와 천둥은 동시에 생겨나지만 먼저 번개가 번쩍인 다음 조금 후에 천둥소리가 들리게 됩니다. 이는 빛과 소리의 전달 속도가 달라서 생기는 현상으로, 이를 이용하여 내가 있는 위치에서 번개가 친 곳의 거리를 대강 알 수 있습니다.
　공기 중에서 소리의 속도는 1초에 약 340m이고, 빛의 속도는 1초에 약 3억m입니다. 따라서 번개는 치는 순간 그 빛은 내가 있는 곳에 도달합니다. 번개가 번쩍이고 나서 3초 후에 천둥소리가 들렸다고 하면, 천둥소리는 340m×3초, 즉 1,020m 거리에서 번개가 친 것입니다.

엘니뇨는 왜 일어날까요?

엘니뇨는 남아메리카 대륙의 적도 부근 동태평양의 바닷물 온도가 평소보다 올라가는 현상을 말합니다. 엘니뇨는 에스파냐 어로 '남자 아이' 또는 '아기 예수'라는 뜻을 가지고 있습니다. 이것은 엘니뇨가 크리스마스를 전후해서 발생하기 때문에 붙여진 이름입니다.

적도 부근에는 1년 내내 일정한 방향으로 바람이 부는데, 이 바람을 무역풍이라고 합니다. 남아메리카 대륙에 있는 페루와 에콰도르의 연안은 이 무역풍으로 인해 용승 현상이 일어나 적도 부근의 바닷물은 온도가 낮은 편입니다. 그러나 몇 년에 한 번씩 무역풍이 약해지면서 바닷물의 용승 현상이 줄어들어 해수면의 온도가 높아질 때가 있는데, 이것이 엘니뇨 현상입니다.

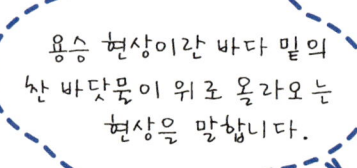

용승 현상이란 바다 밑의 찬 바닷물이 위로 올라오는 현상을 말합니다.

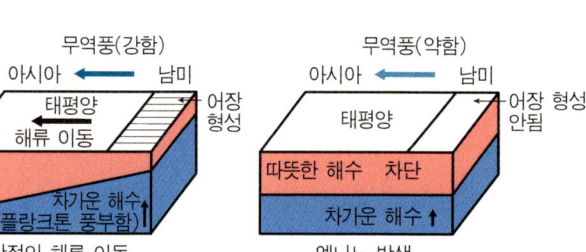

해수면의 온도가 높아지면 바닷물에 녹아 있는 산소가 줄어 물고기들이 살기 힘들기 때문에 어획량이 줄어들게 됩니다.

또한, 상승한 온도의 영향으로 지구를 둘러싼 공기의 흐름이 크게 변하여 세계 각지의 기후가 평년과 달라지는 것으로 알려져 있습니다.

예를 들어, 중남아메리카 지역에서는 폭우가 내리기도 하고, 동남아시아 지역은 가뭄으로 피해를 입기도 합니다. 이러한 기상 이변은 우리 생활 전반에 큰 피해를 입히게 됩니다.

 **라니냐란?**

　엘니뇨가 적도 부근 동태평양의 해수면 온도가 높아지는 현상이라면, 라니냐는 이와 반대로 해수면의 온도가 낮아지는 현상을 말합니다. 무역풍이 평소보다 세게 불면, 바닷물의 흐름도 심해지고, 용승 현상도 더 심하게 일어나 동태평양의 해수면 온도가 더욱 낮아지게 됩니다. 이러한 현상을 라니냐라고 하며, 에스파냐 어로는 '여자 아이'라는 뜻을 가지고 있습니다.
　라니냐도 엘니뇨처럼 이상 기후를 일으키는 원인이 되고 있습니다.

왜 그럴까?
과학의 불가사의

초판 발행 2016년 1월 20일
2쇄 발행 2016년 4월 25일

편 저 자 과학 탐구부
발 행 인 양 진 오
발 행 처 ㈜교학사
주   소 서울특별시 마포구 마포대로 14길 4
전   화 편집 (02)707-5343   영업 (02)707-5147
팩   스 (02)707-5346
등   록 1962년 6월 26일

홈페이지 http://www.kyohak.co.kr
ISBN   978-89-09-19626-0 73560